乡村旅游开发管理及支持系统构建

刘晓英 著

西北工業大學出版社
西 安

【内容简介】 本书通过七个章节的内容对乡村旅游进行了深入的分析，主要包括乡村旅游发展背景及其动力、乡村旅游资源的开发与保护、乡村旅游市场的规划管理、乡村旅游产品的开发与设计、乡村旅游的科学管理、乡村旅游支持系统的规划以及乡村旅游模式创新升级等。

本书可作为乡村旅游相关专业研究人员参考用书。

图书在版编目（CIP）数据

乡村旅游开发管理及支持系统构建/刘晓英著. —西安：西北工业大学出版社，2018.7（2025.1重印）
ISBN 978-7-5612-6104-0

Ⅰ. ①乡… Ⅱ. ①刘… Ⅲ. ①乡村旅游-旅游资源开发-研究②乡村旅游-旅游资源-资源管理-研究 Ⅳ. ①F590.3

中国版本图书馆 CIP 数据核字(2018)第 171786 号

XIANGCUN LVYOU KAIFA GUANLI JI ZHICHI XITONG GOUJIAN
乡 村 旅 游 开 发 管 理 及 支 持 系 统 构 建
策划编辑：雷 鹏
责任编辑：翟文乐

出版发行：西北工业大学出版社
通信地址：西安市友谊西路 127 号 **邮编：**710072
电 话：（029）88493844 88491757
网 址：www.nwpup.com
印 刷 者：三河市天功达印刷有限公司
开 本：787 mm×1 092 mm 1/16
印 张：14.25
字 数：208 千字
版 次：2018 年 7 月第 1 版 2025 年 1 月第 2 次印刷
定 价：42.00 元

前　言

乡村旅游是在乡村地区开展的，以特有的乡村人居环境、山水文化、田园风光、农业生产及其自然环境为基础的旅游活动。我国乡村旅游的兴起与发展是时代发展的需求和社会经济发展的产物，发展乡村旅游可以促进农村经济的发展、城乡文化的交流和人民素质的全面提高，是实施反贫困战略的新实践。

我国乡村旅游起步于20世纪80年代后期，发展于90年代中后期。由于改革开放的深入，经济进一步发展，人们的收入逐渐增加，尤其是北京、上海等大城市人们的生活观念和消费结构发生了很大的变化，开始追求生活质量，推动了休闲生活方式的变革。2015年中央一号文件提出，要积极开发农业多种功能，挖掘乡村生态休闲、旅游观光、文化教育价值。2015年5月19日是第五个中国旅游日，时任国务院副总理汪洋在湖北恩施集中连片贫困地区调研旅游扶贫工作。他强调，乡村旅游是基层和群众的创造，旅游扶贫是贫困地区扶贫攻坚的有效方式，是贫困群众脱贫致富的重要渠道。2016年中央一号文件强调，大力发展休闲农业和乡村旅游，强化规划引导，采取以奖代补、先建后补、财政贴息、设立产业投资基金等方式扶持休闲农业与乡村旅游业发展。

乡村旅游经过多年的发展，已经形成现代新农村风貌、高新科技农业园区、乡村生态环境、古村落、花卉和林果种植、水产养殖种植业、观光休闲农业园、农业主题公园、农家乐、农俗节庆活动等十余种类型。乡村旅游在调整农业产业结构、解决农民就业、增加农户收入等方面发挥着越来越大的作用。

本书在撰写过程中，力求做到以下两点：

1．理论性和应用性相结合。本书注重理论知识体系的完整性、逻辑性；理论与实践相结合，能够指导具体实践。

2．内容丰富新颖、形式活泼易读。在撰写体例上，要求每章尽可能多地联系实际，并综合运用表格等形式提高可读性。

本书是一本综合性的乡村旅游研究与项目指导研究用书，在创作上力求做到视野更广阔、见解更独到、视角更新颖、文字更细腻、陈述更精辟。

本书凝聚了笔者心血和精力，但由于水平有限，疏漏之处在所难免，希望广大读者和同行专家批评指正。

笔 者

2018 年 3 月

目　录

第一章 乡村旅游发展背景及其动力

与审美和愉悦的旅游本质相伴生，旅游者对旅游目的地的选择也受到经济发展、社会影响和消费偏好等诸多要素的综合作用。乡村旅游作为城市经济与乡村经济协同发展的产物，是在经济社会发展到一定阶段，全面推动农村就业非农化的先锋产业形式，也是主动克服城乡经济剪刀差、有效促进现代城乡文明交融和共同进化的主要途径之一。

20 世纪中期以来，全球旅游业已经由传统的简单观光模式发展到产品多样化、诉求多元化和开发模式不断推陈出新的新阶段。作为人类与环境接触的一种方式，乡村旅游作为既古老又新颖的旅游活动，迎合了人们记忆回归和返璞归真的需要，逐渐成为旅游者的新宠。广阔的乡村由旅游活动的背景迅速走向旅游活动的前台，乡村自然生态、乡村风景风光、乡村民俗民风、乡村生产生活等都成为旅游项目支撑和产品组成，旅游者所获得的体验也更加全面。同样，在这样的大背景、大环境下，国内外学者也纷纷聚焦于这一独特的社会、经济和旅游现象，推动着乡村旅游理论研究的发展。当然，伴随着我国小城镇建设和城乡一体化经济的发展，乡村旅游在快速发展的同时，也面临着快速城市化中的用地竞争、从业人员结构调整及乡村城市化、社区发展与乡村性特色保持等诸多矛盾的挑战与冲击。这些矛盾在不同程度上制约着城郊乡村旅游的可持续发展。近年来，“互联网 +”概念的日益丰满，“旅游 +”“农业 +”等表现形式的深度落地，新常态、供给侧改革、全域旅游等思想的实践突破，都为乡村旅游发展提供了鲜明的理论指导。特别是习近平总书记在党的十九大报告中，开宗明义地提出了“我国社会主要矛盾已经转化为人民日益增长的美好生活需要和不平衡不充分的发展之间的矛盾”，阐述了健康中国、美丽中国、人类命运共同体等新时代中国特色社会主义发展理念，并旗帜鲜明地将乡村振兴战略作为全面建设小康社会的重要支撑。无疑，乡村振兴不仅仅是经济的振兴，更是文化、社会和环境的全面振兴，乡村旅游作为一种以经济带动社会、文化全面提升发展的新形式，在以提供就业机会、改变传统观念为基本的经济发展促进和以城市居民体验生活为表现的创新发展等方面都起到了积极作用，也是乡村振兴的题中要义和最佳形式。总书记用“看得见绿水青山、留得住美丽乡愁”形象地诠释了乡村旅游的发展之路，也全面提示了乡村旅游的发展前景与方向。

第一节　乡村旅游发展背景

任何事物的发展都有其必然的规律，乡村旅游也不例外。乡村从“旅游环境背景”向“旅游环境生产”转型发展的过程中，也经历了一个复杂的演变过程。从松散的个体利益驱动到规模化的群体发展导向，乡村旅游的内涵不断延伸、范畴持续拓展，从产品构建到容量基础，从生态美化到阈限管理，在对乡村旅游发展环境的持续认知中，不论是创新形成乡村旅游文化演进中基于“乡村性”的产品开发与空间组织，还是基于承载力结构的乡村旅游“协同发展动态演化机理，其发展背景、起源与特征都是诠释乡村旅游维系与发展的核心，更是指引策略与路径的基础。

一、乡村旅游的起源与发展

(一) 国外乡村旅游的起源与发展

1．乡村旅游活动起源与发展

经济基础决定上层建筑。乡村旅游作为旅游活动的一种类型，也是建立在一定经济基础之上的精神文化活动，其发展也同样遵循这样的原则与背景，乡村旅游率先出现在欧洲经济发达的国家和地区。

西方扮演学者对乡村旅游的研究要更加细致，他们将乡村旅游分为传统型与新型两种不同类型，分别加以阐述和分析。传统乡村旅游是伴随着人口大规模城市化的现象产生的，工业革命后大量人口进入城市，他们回家探亲、度假可以看作是最初的传统乡村旅游。新型乡村旅游是以游玩为目的的一种乡村出行，主要是上层社会来农郊地区体验新奇生活。传统的乡村旅游从经济意义上来说比新型旅游差很多，因为传统乡村旅游的主体消费倾向和消费的基本项目有限，而新型旅游主体却不同，他们经济条件充裕，好奇心强，住宿、购买的欲望强烈，能够带动当地经济的发展。

随着工业化的不断深入，城市居民的数量大量增加，他们出生在城市、成长在城市，对城市之外的生活方式充满期待与好奇，旅游业这个时候迅速发展起来。乡村旅游作为欧洲后起的一种主流旅游方式，改变了欧洲传统的以探险、猎奇等为主要目的的旅游活动结构，旅游景观也由最初的自然资源转变为人造主题的各种休闲娱乐设施。这种旅游模式我们称之为“参与型旅游”，这是旅游活动发展的高级阶段，它与之前的旅游活动最大的区别在于旅游意愿上。传统的旅游活动的旅游意愿是游客自己产生的，比如想去某个地方探险，欣赏丛林景观，而参与型旅游的旅游意愿是被旅游客体激发的，旅游景观的建造者会抓住人们的内心的需求，刺激游客旅游的意愿。

目前，关于乡村旅游的起源有法国起源论、英国起源论、欧洲四国(英国、法国、西班牙、意大利)起源论等不同争论。但是，比较公认的还是将法国作为现代乡村旅游的先驱。1885 年，法国的一名议员带领一群法国的贵族到郊外去游玩，体验农郊生活的乐趣，活动十分成功，贵族们体验到了前所未有的新奇体验，农民与这些城市贵族之间的交往越来越频繁，这为乡村旅游活动在整个欧洲的盛行奠定了基础。

不难发现，早期的乡村旅游具有明显的贵族化特点，普及性不强。1865 年，意大利成立了“农业与旅游全国协会”，专门介绍城市居民到农村去体味乡村野趣，参与农业活动，开展骑马、钓鱼、采摘、品尝新鲜食品、欣赏田园风光等乡村旅游活动。该协会成为城市居民在农村进行旅游消费活动的重要中介，也标志着乡村旅游正式被纳入规范管理的范畴，开启了真正意义上的乡村旅游，也引发了学者们对乡村旅游研究的关注。其后，德国、奥地利、美国、日本、波兰等国家也先后推出形式多样的乡村旅游产品，扩展、丰富和支撑了全世界乡村旅游国际化、规模化发展。

20 世纪 60 年代，西班牙开始发展现代意义的乡村旅游，由政府出资修建乡村旅游社区，为度假游客提供服务。目前，乡村旅游已经是西班牙的主要旅游形式之一，该国学者也结合传统乡村旅游和非传统乡村旅游进行了研究，提出传统城市居民“回老家”式的乡村旅游虽然对当地会产生一些经济影响，客观上也增加了城乡交流机会，但它与现代意义的乡村旅游仍然具有很大的区别，非传统乡村旅游才是真正应该得到高度重视和发展的主要乡村旅游形式。

1972 年，德国农业协会为保障游客的合法权益，制定了乡村旅游品质认证制度，并经多次修订沿用至今。该制度的制定为世界各国乡村旅游的规范化、标准化发展提供了积极的借鉴。20 世纪 80 年代以后，现代意义的乡村旅游在经济发达国家已经具有了相当的规模、走上了规范化发展轨道，同时也开始引起全世界各国，特别是发展中国家的普遍关注和积极扶持。世界各国普遍将发展乡村旅游作为一种阻止农业衰退、增加农民收入和提升农业生产附加值的有效手段加以鼓励，包括加拿大、澳大利亚、新西兰、前东欧和太平洋地区的许多国家，并认为乡村旅游是农村地区持续发展和实现经济多样化、解决社会矛盾、稳定发展的核心动力，乡村旅游显示出极强的生命力和渐入佳境的发展状态。

1991 年，日本在借鉴法国、丹麦、德国等欧洲国家先进经验的基础上，制定了“市民农园整备促进法”，使乡村旅游在日本迅速发展并成为最有影响力的国内旅游项目之一。

1998 年，法国农会专门设立了“农业及旅游接待服务处”，联合其他有关团体建立“欢迎莅临农场”的网络组织。据法国小旅店联合会的统计，2000 年以来的 7 年间，主要采用乡村旅游为度假方式的旅游者占旅游者总数的 72%。

2002 年，意大利大约有 1.15 万家专门从事“绿色农业旅游”的经营单位，共接待游客 2100 万人次，营业额达到 9000 亿里拉(约合 4.3 亿美元)，占当年意大利旅游总收入的 2%。

罗马尼亚乡村旅游业收入占到全国旅游业总收入 20%以上并逐年均有不同程度的增长。以色列也将乡村旅游作为对农村收入下降的有效补充积极鼓励，乡村旅游企业数量逐年增多。美国有 30 个州形成了明确的鼓励乡村旅游发展的相关政策，其中 14 个州在其旅游发展总体规划中明确推出乡村旅游发展相关内容。

时至今日，乡村旅游在世界各国表现出百花齐放的发展态势。欧盟专门制定了欧盟第五框架协议，提出了欧洲综合乡村旅游管理方针，并在资金、政策、教育培训等多方面给予大力支持；新西兰、爱尔兰等国家通过制定法规和政策把乡村旅游作为避免农村人口盲目向城市流动的重要手段；葡萄牙旅游管理部门把宣传和促销乡村旅游作为主要工作任务；西班牙则通过 170 多个乡村旅游协会之间信息、技术、培训、管理的沟通与合作，推动乡村旅游的发展合作；美国和加拿大通过主要乡村社区向旅游者提供乡村自助游的宣传手册；墨西哥虽然乡村旅游发展比较缓慢，但是也在积极克服其可进入性差和墨西哥旅行危险的负面影响；阿根廷推出“南美土著部落”“马背上的阿根廷”等乡土气息浓厚的乡村旅游项目，吸引了广大的国内外游客；南非更是通过国家白皮书明确将发展乡村旅游作为南非经济发展的主要方式，鼓励乡村社区通过开展野生动植物的观赏和博彩业等乡村旅游活动来提高社区生活水平；日本各地观光农场结合生产独辟蹊径，用富有诗情画意的田园风光和特色的服务设施吸引游客；马来西亚乡村旅游则充分体现花卉之国特色，大力发展农场花卉旅游业。

整体来看，虽然不同国家甚至同一国家的不同地区有可能在其乡村旅游发展中表现出不同的阶段状态，但是仍然可以将乡村旅游的发展初步划分为以下三个阶段：

(1) 起步阶段(17 世纪中期 ~20 世纪初期)。

这一阶段的乡村旅游一方面表现出普及性不强、小众发展的特点，另一方面也表现出旅游区域的局限性特征。旅游活动基本以欧洲经济发达国家为主要地区，早期的参与者多为上层社会的达官贵人，表现出明显的炫耀型社会交往特征，后期逐步增加了以城市居民返乡探亲为基本表现的传统乡村旅游者比例，虽然在客观上为乡村旅游目的地补充了一部分农业收入，但是还没有充分体现出现代旅游业综合性、关联性、带动性等基本特征。

(2) 发展阶段(20 世纪中期~20 世纪末期)。

20 世纪中期以后，世界经济进入和平发展的快车道，乡村旅游作为提升农业附加值、优化区域形象的一个重要手段，也明显表现出专业化、多样化的典型特征。一方面，这一阶段的乡村旅游服务对象表现出多样化特征，既有传统的社会名流、城市返乡探亲旅游者，而更多的纯粹意义的乡村旅游者成为了主体，乡村旅游服务也从简单的接待转移到提供更专业化的产品。另一方面，为了满足更为多样、要求更高的游客需求，专业化的乡村旅游经营者也应运而生，他们提供了丰富多样的乡村旅游项目、中介服务和活动组织。一些乡村旅游目的地土特产品、地方传统美食等被整合打包在乡村旅游服务中。乡村旅游的“食、住、行、游、购、娱”要素体系基本形成，具备了发展成为真正意义上的现代旅游组成部分的条件，甚至在一些乡村旅游起步较早、发展较好的国家和地区已经表现出专业化经营、规范化管理的状态。

(3) 成熟阶段(21 世纪初期以后)。

人类社会进入 21 世纪后，城镇化、信息化成为社会经济发展主流，旅游业已经成为全球第一大的产业而备受关注。乡村旅游也以其优质的表现被人们所重视，国际化、产业化、标准化成为这个阶段乡村旅游的主要特征。这一时期，乡村旅游在经济发达国家和地区已经比较成熟，专业化程度较高，其服务与运营模式化、国际化状态表现明显，产品类型多样，越来越与市场细分相适应，信息化手段在乡村旅游发展中也得到了一定程度的应用，国际性的乡村旅游组织、活动和研究日趋繁荣，乡村旅游具备了作为一个产业类型的基础条件。在发展中国家，乡村旅游也得到社会各界的普遍关注，乡村旅游经营者具有了明确的“职业化”发展特征，也在按照国际化、标准化的方向积极发展，乡村旅游在世界旅游经济发展中的作用越来越突出。

2. 乡村旅游研究的关注热点

与日渐活跃的乡村旅游活动相伴随，乡村旅游的相关研究也表现出如火如荼的态势。1994 年，《国际可持续旅游研究》发行专刊第一次将乡村旅游作为可持续旅游活动中的特殊旅游活动纳入理论框架进行系统研究，这被认为是学界进行乡村旅游研究的开端。当然，由于乡村旅游仍然是一个在不断变化、发展的新兴领域，相关理论研究还处于成长阶段，围绕其概念、发展模式等展开争论也仍然是此起彼伏。

首先，是关于乡村旅游的概念界定问题。

早期国内外学界在这一方面具有较多的争论，直至目前还没有形成完全统一的认识。事实上，Rural Tourism(乡村旅游)、Agrotourism/Agritourism(农业旅游)、Farm Tourism(农庄旅游)、Village Tourism(村庄旅游)等常常被国外学者混用，乡村旅游在不同的国家也有着不同的含义。如，在芬兰，乡村旅游通常是乡村地区对游客提供小木屋出租或餐饮服务；在匈牙利，Village Tourism 仅指在村庄范围内所提供的活动和服务；在斯洛文尼亚，最主要的乡村旅游形式是在家庭农场游览；而在荷兰，乡村旅游尤其意味着在农场上的野营；在希腊，乡村旅游产品主要是传统布置的房间和家庭自制的传统早餐。目前，相对比较公认的权威和主流观点有：

西班牙学者 Gilbert 和 Tung(1990)认为，乡村旅游就是农户为旅游者提供食宿等条件，使其在农场、牧场等典型的乡村环境中从事各种休闲活动的一种旅游形式；

世界经济合作与发展委员会(OECD，1994)将乡村旅游定义为“在乡村开展的旅游”，认为“田园风味是乡村旅游的中心和独特的卖点”；

英国学者 Gannon(1994)认为，乡村旅游是农民或乡村居民出于经济目的,为吸引旅游者前来旅游而提供的广泛的活动、服务和令人愉快事物的统称；

英国学者 Bramwell 和 Lane (1994)认为：乡村旅游不仅是基于农业的旅游活动，而是一个多层面的旅游活动。除了包括基于农业的假日旅游外，还包括特殊兴趣的自然旅游，生态旅游，在假日步行、登山和骑马等活动，探险、运动和健康旅游，打猎和钓鱼，教育性的旅游，文化与传统旅游，以及一些区域的民俗旅游活动；

以色列学者 Arie Reichel 与 Oded Lowengart(1999)，美国学者 Ady Milman (1999)则认为，乡村旅游是位于农村区域的旅游，具有旅游企业规模小、旅游活动区域开阔和具有可持续发展性等农村区域活动的特性。

综合看来，这些学者的定义虽然各有不同，但是都将农村作为了乡村旅游定义的空间范围，将与农业、农民相关的活动作为乡村旅游定义的产品范围。同时，各个定义都表现出来明显受区域差异、研究人员的社会生活背景所干扰的特点，也间接反映出乡村旅游与不同国家和地区的自然风貌、历史传统、民俗农事、活动偏好有着直接的密切关系。这也在另一个侧面佐证了学界为什么对乡村旅游的定义会有不同认识。

当然，无论如何，乡村旅游的概念包含了两个方面：一是乡村旅游活动的发生地是在乡村地区，二是以乡村性作为旅游吸引物，二者缺一不可。概括起来，乡村旅游是以具有乡村性的自然和人文客体为旅游吸引物，依托乡村区域的自然环境、建筑景观、传统文化和民俗民宿等资源，在农村休闲度假和农业观光体验基础上形成的综合性旅游项目或方式。

其次，是关于什么是乡村旅游最重要的研究主题问题。

关于此问题学界也存在一定程度的分歧。目前，除了本书前述提到的被学者普遍关注并反复争论的乡村旅游定义问题之外，乡村旅游发展影响因素问题、利益相关者问题、发展驱动机制问题、地理空间结构问题及旅游企业管理等问题也都被纳入了学界的研究视线，表现出关注度较高和研究较为集中的特征。

(1) 乡村旅游发展影响因素问题。

自从有了乡村旅游活动，乡村旅游发展影响因素一直都是国内外学者关注的热点。现在看来，关于该问题的研究也在科学范式思维指导下表现出趋向于定量分析的趋势。同时，在定量指标的确定上，形成了单因素分析和多因素分析两个方向。

如，Tosun(1998)以单因素分析为主要方法，对发展中国家实施社区参与乡村旅游发展的若干限制性因素进行了分析，对社区参与方式在发展中国家乡村旅游发展中的有效性和可行性方面提出质疑；Leeuwis(2000)也利用单因素分析得出

“政府参与乡村旅游并不能带动乡村旅游目的地发展”的研究结论；Kontogeorgopoulos(2005)以对泰国乡村旅游的实地调研为基础，利用单因素分析得出“如果外来经营者在乡村旅游产业中处于主导地位，将有利于地方旅游发展”的结论。

当然，也有不少学者认为，某个因素不可能单独驱动乡村旅游的发展，而各因素之间如何相互作用并达到平衡才应该是乡村旅游发展影响因素研究的重点。他们同样认为，在解释各要素之间关系方面，单因素分析明显具有一定的局限性。由此，一些学者坚持采用多因素分析的方法对乡村旅游发展的影响因素进行综合识别。

如，Miller(2001)在对美国乡村旅游发展的实证研究中发现，旅游者满意度、环境可持续性、当地人雇佣水平、经济溢出能力、环境影响水平等因素都对美国乡村旅游的发展起着作用；Choi(2006)就应用多因素分析得出“经济、技术、环境和政治、社会文化等方面的利益，社区、旅游者、政府等因素都会影响乡村旅游发展”的结论；Byeong(2009)以韩国乡村旅游为例，通过多因素分析识别了影响韩国乡村旅游发展的 17 个因素，并归入经济影响、社会文化影响、环境影响、管理影响 4 个维度进行解析；Park(2012)则结合从韩国 38 个乡村 380 名居民中获取的调查数据得出：政府在相关政策方案的制定中，要积极鼓励参与程度不高的旅游目的地居民与乡村旅游商户进行合作，既可以提高乡村旅游社区的社会资本，还可以提高对冲突矛盾的管理效果。

(2) 乡村旅游利益相关者问题。

应该说，旅游本身就是一个涉及到众多利益相关者的复杂活动，乡村旅游更是不同利益主体协同治理的综合过程。关于乡村旅游利益相关者的研究，也沿袭了旅游学关于利益相关者研究的思维惯性，也存在“针对某一特定的群体”和“关注利益相关者合作目标”两个研究方向。

相对而言，学者们对针对某一特定的群体的利益相关者研究较多，也形成了研究领域不断细分的趋势。如，针对旅游者需求而进行的产品开发、营销研究；关注目的地社区而进行的目的地居民态度、角色和冲突管理研究；关注政府作用而进行的治理地位、政策导向、主动配额研究等。

如，Simpson(2008)就提出涉及到了外来企业、政府、非政府组织、私人和社区多个利益相关者的CBTI(Community Benefit Tourism Initiative)模式；Kalsom(2008)分析了旅游从业人员、企业所有者、政府部门等多个利益主体对乡村旅游发展中利益分配的关注程度问题，发现利益相关者拥有的权利、对乡村旅游发展的依赖性和在乡村旅游发展中的各种投入是重要的感知影响要素。

而在关注利益相关者合作目标方面，学者更关注合作机制的确立。如，Bramwell(1999)认为，利益相关者的合作是乡村旅游经营成功的关键。他鼓励建立利益相关者网络，通过建立平等的管理体系分享乡村旅游的经济利益。Erick(2003)的研究发现，利益相关者的感知是决定其参与的最重要因素，不同利益相关者中，政府参与度最高，旅游者参与度最低。

(3) 乡村旅游地理空间结构问题。

乡村旅游的发展离不开乡村区域，受到国际经济、社会、技术发展的影响，对乡村旅游地理空间结构问题的研究也表现出与经济学、地理学、社会学等融合跨界的状态。学者们的关注重点大多在乡村旅游目的地的分布特征和驱动机理方面。

学者们普遍认为，目前乡村旅游目的地的空间分布主要有景区边缘型、大中城市郊区型和老少边贫地区型3种。其中，城市郊区型乡村旅游最为发达和典型，同时，其分布总体上呈距离衰减趋势。而关于乡村旅游地与城市中心空间距离的研究结论差异性较大。如，Holecek(2000)对密西根州的研究证实，100公里以内的本州游客是乡村旅游的主要接待对象；Gartner(2004)结合对美国加利福尼亚乡村旅游的研究得出，乡村旅游地的主要客源来自本地，50~100公里范围内的乡村旅游目的地对城市居民具有吸引力；Sue(2004)对澳大利亚的乡村旅游空间距离研究得出，乡村旅游体验最佳距离是客源市场到目的地之间50~100公里范围内，在250公里范围内，75%的游客仍然会觉得比较愉悦。

同样，驱动机理是乡村旅游发展的空间协调程序，也是形成乡村旅游地理空间的根本作用机理。如，Fleischer(2000)认为，追求差异化的反向性是乡村旅游活动的根本驱动力，客源地的城市性与目的地的乡村性级差是乡村旅游目的地形成的动力源泉；Evans(2001)认为，农民追求经济利益是乡村旅游发展的原动力。

(4) 乡村旅游经营管理问题。

归根到底，乡村旅游还是作为一种经济活动被广泛关注，乡村旅游的发展依赖各类经济主体，特别是 20 世纪 60 年代以后，伴随现代乡村旅游的出现，乡村旅游经营管理研究也已成为一个新热点，学者们也从经济影响、产品和服务质量、市场营销等多个方面进行了分析。

如，Gasson R.(1988)对农村居民进行乡村旅游合作开发进行了理性分析；Ipson Gordon(1989)从古镇复苏角度提出了政府与投资商合作开发乡村旅游的模式问题；Hja-lagerA. M.和 Johnson G.(1989)从产业的多样化，Reid D. G.，A. M. Fuller(1990)从乡村文化和娱乐整合等方面也都分别进行了探讨；Pearce，Phillip L.(1990)则对乡村旅游的市场营销具体操作问题进行了分析；Gilbert D.和 L. Tung (1990)以公共组织关系的角度对乡村旅游市场营销规划进行了分析；Fowler J. E. (1991)、DavisW. P.和 J. C. Turner(1992)结合乡村旅游经济的统计数据，分析了农庄旅游对英国、爱尔兰娱乐业和假日经济的作用；Palminkoski U、Emba-cherHans、HjalagerA. M.(1991)等也都基于各自的实践对乡村旅游经济性进行了研究；DernoiL. A.(1991)结合加拿大乡村旅游产品和服务提升提出了自己的见解；Embacher Hans(1994)对澳大利亚的乡村旅游产品质量升级进行了分析；Friesen,John(1995)分析了滑铁卢近郊农场旅游的产品服务质量；Evans N. J.和 B. W. Llbery、Aarts D.(1995)等也从广告、管理、意象策划等方面进行了一定的研究；Bontron J. C. et al.(1997)对乡村旅游的就业问题进行了分析；Lewis J. B. (1998)对乡村旅游的发展模式等各方面进行了探讨和研究。

总体来看，在世界各地的乡村旅游蓬勃发展的同时，乡村旅游研究也取得了许多有价值的研究成果。特别是在 20 世纪 90 年代 ~21 世纪初期，其研究的热度空前，研究领域的宽泛和研究内容的广博也使乡村旅游研究表现出多元化的发展趋势。但是，也不难发现，直到目前，乡村旅游的研究体系仍然还不够完善，研究热点容易受到社会、经济、地理等其他研究领域的干扰，乃至政治因素、学者的偏好等方面的影响而表现出不够明朗、稳定的状态，特别是对突出乡村旅游主要功能特色的相关研究仍然欠缺，个案分析、统计研究较多，但相关的理论体系仍然没有真正建立，对乡村旅游实践的具体指导作用也仍然还没有充分有效发挥。

(二) 国内乡村旅游的起源与发展

1. 乡村旅游活动起源与发展

(1) 我国乡村旅游的发展脉络。

我国的乡村旅游是在农业发展急需调整产业结构、寻找新的经济增长点的情况下应运而生的，与市场需求的驱动具有紧密的联系。基于我国社会发展与国外的阶段性特征差异，我国的乡村旅游起步较晚，也存在关于国内乡村旅游起源的诸多争议，但发展却十分迅速。相对于欧洲乡村旅游来说，我国的乡村旅游起步较晚，也存在很多功能性缺陷。首先我国乡村旅游开发模式相对简单，旅游活动的层次性与内涵不足，附加旅游价值没有得到很好的开发与利用，这不仅因为农村地区经济基础单薄，基础设施建设不足，还包括旅游规划方面的原因。其次，旅游管理的科学性不足，很多农村旅游活动的开展缺乏系统的规划与管理，造成旅游经营分散、混乱，旅游服务质量不高的情况。我国农村旅游起步较晚，目前来说仍处于粗放型经营与管理阶段，形成了不良的旅游经营系统，很多旅游景点恶性竞争，这严重地阻碍了我国乡村旅游的稳定发展。我国农村地区收入水平不高，农村居民的综合素质层次较低，在旅游活动开展的过程中很容易出现只顾眼前利益，忽视长远发展的现象。最后，我国农村消费水平比较低，很多农村旅游活动中从事旅游服务行业的农村居民，舍不得投入资金改善住宿、饮食以及服务水平，造成了我国农村地区旅游活动发展层次低、服务差的状况。

从 20 世纪 70 年代初期开始，我国就采用定点方式开展了一些具有乡村旅游性质的政治性接待活动。如，北京近郊的四季青人民公社、山西昔阳县大寨大队、天津静海县小靳庄、上海崇明岛等，虽然其明显的政治色彩与现代意义的乡村旅游还存在较大的差异，但也可以被看作是我国乡村旅游的初步尝试。总体来看，我国真正意义上的乡村旅游是与改革开放相伴随发展的。1982 年，贵州省开发了黄果树附近的石头寨民族风情旅游，形成了乡村旅游的萌芽；1983 年 11 月，山东潍坊安丘石家庄村接待了一批来自日本的客人，这些日本客人与当地农民同吃、同住、同劳动，玩得相当愉快，开创了新型的乡村民俗旅游活动形式；1984 年，珠海白藤湖农民度假村的开业可以作为“农家乐”的雏形；1986 年贵州雷山郎德寨被确定为贵州省首批重点保护的民族村寨，具有了典型的乡村旅游发展意味；同年，浙江省富阳县率先在新沙岛、和尚庄、赤松村等地开发的“农家乐”被公认为是我国乡村旅游的正式开始；此外，成都“徐家大院”的诞生也标志着“农家乐”旅游模式成为一段时期我国乡村旅游的“标准”模式。1987 年 5 月，时任国务委员、国务院旅游协调小组组长的谷牧专程前往富阳考察并题词“农家乐，旅游者也乐”；同年，成都郫县农科村形成了面向成都市民的“农家乐”旅游并迅速被周边区域的乡村模仿，也促使四川迅速成为国内乡村旅游成功发展的典型省份。

与此同时，以乡村特有的农作物、自然环境为依托的乡村旅游节庆也被积极开发出来。1986 年，被誉为休闲之都——成都郊区的龙泉驿书房村举办了第一届桃花节；1988 年，深圳举办了首届荔枝节，其后又开办了采摘园，取得了较好的经济和社会效益；1989 年 4 月，“中国农民旅游协会”正式更名为“中国乡村旅游协会”。1993 年，山西昔阳大寨、汾阳贾家庄等村庄也开始利用自身条件模仿其他地区发展乡村旅游，拉开了中西部地区乡村旅游开发的序幕。

如果说早期的乡村旅游具有民间自发经济行为的意味，那么，民间和官方的双重觉醒则是我国乡村旅游迅速发展的主要背景。20 世纪 90 年代以后，党和国家以新农村建设为依托，积极组织了乡村旅游系列宣传活动，密集发布了一系列促进乡村旅游发展的相关政策。1993 年，《中共中央国务院关于当前农业和农村经济发展若干政策措施》中，明确提出“在各级政府统一规划下，积极发展乡镇企业，进行合理开发，发展矿业、建材、小水电和旅游等资源型产业”；1994

年，“1+2”休假制度颁布并实施，乡村旅游也进入了全面发展的快车道；1995年，“中国民俗风情游”旅游主题与“中国：56个民族的家”宣传口号促进了云南等少数民族聚集地区乡村旅游的快速发展；1997年，《中共中央国务院关于转发农业部<关于我国乡镇企业情况和今后改革与发展意见的报告>的通知》中，进一步明确提出“优化投资结构，积极发展商业、交通运输、饮食、旅游、服务、信息等第三产业”。1998年，国家旅游局首次推出“华夏城乡游”拉开了乡村旅游大发展的序幕；1999年推出“生态旅游年”，鼓励更多的中外游客深入农村寻找“返璞归真、怡然自得”的独特体验；2001年，国家更是积极倡导开展“工农业旅游”，于2002年公布实施《全国工农业旅游示范点检查标准(试行)》，加快了创建全国农业旅游示范点工作，将乡村旅游推上了新的高潮。2004年，国家旅游局公布首批306个“全国农业旅游示范点”，我国乡村旅游开始走上了制度化发展的轨道。2006年，国家旅游局直接以“中国乡村旅游年”为主题，宣传“新农村、新旅游、新体验、新风尚”，再一次将乡村旅游作为中国旅游发展的战略重点。

十八大以来，党和国家仍然高度重视乡村旅游发展。2013年11月，习近平总书记在湖南湘西土家族苗族自治州调研扶贫攻坚工作时明确指出“旅游业作为朝阳产业、绿色产业，在扶贫攻坚中大有可为”；2015年6月，习近平总书记在遵义市播州区花茂村考察调研时指出“要抓住乡村旅游兴起的时机，把资源变资产，实践好绿水青山就是金山银山的理念”。同时，他也强调要对乡村旅游作分析和预测，要提前采取措施推动乡村旅游可持续发展；2016年，国务院印发的全国农业现代化规划提出，要依托农村绿水青山、田园风光、乡土文化等资源，大力发展生态休闲农业；2017年中央1号文件也明确指出，要大力发展乡村休闲旅游产业，培育宜居宜业特色村镇；2017年3月，李克强总理在第十二届全国人民代表大会第五次会议所作的政府工作报告中明确指出要大力发展乡村、休闲、全域旅游；2017年，党的十九大报告将乡村振兴作为国家战略，乡村旅游也当之无愧地承担起了重要的历史责任。截至2017年12月，国务院、国家旅游局、国家发展改革委、国土资源部等部门陆续发布或联合发布了80多项涉及乡村旅游发展的相关政策，涵盖新农村建设、旅游扶贫、休闲农业、田园综合体以及农业 PPP 等诸多方面，在充分体现对乡村旅游发展的重视程度之外，也为乡村旅游发展提供了坚实的支撑和保障。

以国家政策为依据，全国各省(市、区)也纷纷制定、完善了一系列乡村旅游发展政策。如，山西省委省政府围绕乡村旅游发展，先后发布了 20 多项相关政策。1999 年，《山西省人民政府关于加快旅游业发展的决定》就提出“有计划、有步骤地创建省级旅游度假村”的相关要求；2000 年，《山西省人民政府印发关于进一步扩大对外开放的意见》中，进一步明确“大力开发窑洞乡野民情游、大寨观光农业游等旅游新产品”；《山西省促进旅游产业发展条例》(2005 年)、《山西省农村经济发展“十一五”综合规划》(2006 年)、《山西省人民代表大会常务委员会关于加快发展旅游业的决定》(2010 年)、《山西省旅游局关于大力发展乡村旅游的意见》(2015 年)等都明确提出了具体指导乡村旅游发展的建议与要求，2016 年，更出台了《山西省乡村旅游景区标准(试行)》和《山西省乡村旅游客栈标准(试行)》，对乡村旅游的规范化发展起到了积极的指导、促进和保障作用。

积极的政策引导形成了强大的市场发展，乡村旅游供需两旺，发展势头良好。据统计，2015 年，全国休闲农业和乡村旅游接待游客超过 22 亿人次，营业收入超过 4400 亿元，从业人员 790 万人，其中农民从业人员 630 万人，带动 550 万户农民受益。2016 年，全国休闲农业和乡村旅游接待游客近 21 亿人次，营业收入超过 5700 亿元，从业人员 845 万，直接带动 672 万户农民受益。

(2) 我国乡村旅游发展的阶段划分。

从我国乡村旅游发展的脉络轨迹，不难看出，其发展可以划分为三个阶段：

第一，起步阶段(1982~1994)。

乡村旅游起步阶段表现为以浙江富阳为主要标志，郫县农科村、成都徐家大院、珠海白藤湖、贵州石头寨、贵州雷山郎德寨等为典型代表，以自发形成的“农家乐”旅游为主要模式的乡村基本形态。这一阶段的乡村旅游活动以农民自觉自发为标志，以增加农民收入为基本出发点，以展示我国各地乡村生产活动、生活习俗和民间传统工艺为主，产品表现形式简朴、服务灵活，住农家院、吃农家饭是这一阶段乡村旅游的主要活动项目。

第二，发展阶段(1995~2001)。

以 1995 年“中国民俗风情游”主题为标志，乡村旅游迎来了政策引导、市场主导的发展阶段。这一阶段的乡村旅游表现为政府开始关注并积极引导乡村旅游发展。旅游活动内容日益丰富，客源市场持续扩大，乡村旅游积极收入增长迅速，参与主体日益增加。乡村旅游基础设施开始以标准化、规范化管理方式逐步完善，乡村旅游要素体系基本齐备

第三，繁荣阶段(2002~ 至今)。

以 2002 年公布实施的《全国工农业旅游示范点检查标准(试行)》为标志，乡村旅游进入了专业化、标准化发展轨道，也迎来了繁荣发展的新阶段。党和国家高层的高度重视、密集的政策指引都是这一阶段的基本特征，也为乡村旅游发展提供了坚实的保障。这一阶段的乡村旅游以乡村生态环境、新农村建设为依托，活动内容向集观赏、考察、参与体验、休闲娱乐和度假于一体的集约化、专业化、标准化方向发展，而美丽乡村、田园综合体、乡村振兴等的建设更是将乡村旅游发展推向了国家战略的发展高度。

当然，由于起步较晚、发展基础较弱，我国的乡村旅游目前也还存在着较多的问题。首先，乡村旅游的开发模式仍然单一，农家乐仍然是乡村旅游的主体产品，乡村旅游活动特色少、雷同多。乡村旅游开发过分地依赖农业资源，缺乏对文化内涵的深度挖掘，乡村旅游理论研究对实践的指导作用仍然不强；其次，乡村旅游市场管理水平仍然不高，还基本处于“小、散、乱、差”自由发展的状态。虽然有一系列的国家政策指导，但是，乡村旅游企业专业化程度仍然不够，从业人员普遍缺乏系统有效的培训，乡村旅游管理人员和从业人员素质普遍偏低，大部分乡村旅游目的地还处于简单粗放经营阶段，或多或少存在轻管理、低质量、低收入的问题，整体接待水平偏低、配套设施不完善等现象也屡见不鲜。再次，乡村旅游产品质量仍然偏低、消费水平和档次不高。受到城乡积极发展差异、传统消费习惯、社会意识和受教育水平等的综合影响，绝大多数乡村旅游者享受到的仍然是较低价位的消费水准、较低档次的旅游服务和较低层次的精神感

受，乡村旅游行为大多停留在悦目悦身的基本层次，离高品质的精神享受行为还相距甚远。

我国各个地区的乡村旅游活动大多情况是自发性形成，从我国乡村旅游景点形成的过程来看，优良的区位要素以及优质的旅游资源是必不可少的两个条件。

2．乡村旅游研究的热点问题

伴随我国乡村旅游的发展，国内学者也对乡村旅游日益重视并进行了相应的研究。当然，由于起步较晚，从研究时间来看，相关研究主要集中于20世纪90年代以后，加之在经济学、管理学、旅游学等相关领域的研究也较为薄弱，我国的乡村旅游理论研究仍然还是沿袭和借鉴了国外的研究经验。研究的内容也大致围绕乡村旅游的基础理论和实证或个案研究两个部分展开。

(1) 乡村旅游的基础理论研究。

国内学者对乡村旅游基础理论的研究主要还是沿袭了国外研究的经验与思维，主要集中在相关概念界定、发展动因与策略分析、产品开发与规划几个方面。

基于研究的角度不同，我国学者对乡村旅游基本概念的论述也有所差异，形成了百花齐放的局面。如，肖佑兴(2001)对乡村旅游的概念和类型进行了综合探讨；何景明和李立华(2002)提出乡村旅游4大类型的见解；查芳(2004)在《对乡村旅游起源及概念的探讨》一文中更是详细列出了11个较典型的乡村旅游定义。

而关于乡村旅游的发展动因与策略，甘巧林和陈忠暖(2000)从非农化角度出发对乡村旅游的发展动因进行分析；王云才(2002)结合国际研究提出了我国乡村旅游在替代产业、旅游基地、主题工作组、社区参与、合作组织和法规体系等6个领域的发展政策借鉴；何景明和李立华(2002)认为产业结构调整和维护农村社会经济可持续发展是主要动因；陈绍友(2003)结合重庆市周边乡村旅游发展情况，提出大城市带大农村的乡村旅游发展战略；黄洁(2003)则认为“乡土情结”是引发乡村旅游的最根本动机；何红(2003)认为绿色和休闲需求是乡村旅游发展与演进的主要因素；李慧欣(2003)以经济学角度分析了增加农民收入的乡村旅游发展原始动机；张成君和陈忠萍(2001)、张清和陈智文(2003)都从农村经济系统的角度，分析了乡村旅游作为我国农村地方经济新增长点的发展举措。杨军

(2006)认为我国乡村旅游系统主要由城市居民、农民、旅游业、政府 4 个子系统构成，各个子系统在乡村旅游中的基本诉求，形成了乡村旅游需求动力、供给动力、营销动力和扶持动力，构成了乡村旅游发展的核心动力系统；潘安顺(2007)认为乡村旅游动力系统是由乡村旅游需求子系统、供给子系统、媒介子系统和支持子系统组成的复杂系统。

(2) 乡村旅游实证研究和个案分析。

基于乡村旅游发展中的实践经验,国内学者也进行了大量的乡村旅游实证研究。如卢云亭和刘军萍(1995)在《观光农业》一书中系统地对乡村旅游的概念、产生动因、属性特征等进行了理论探讨；陈传康(1996)等在《深圳市旅游发展规划》中提出以主题公园的形式进行乡村旅游开发的思路。陈传康、骆静珊(1997)在《安宁旅游开发规划》中规划了安宁“农家乐”旅游。傅志军和葛永刚(2001)对陕西省岐山县北郭村乡村旅游开发进行了实证研究；何景明(2004)在实地调查的基础上,分析了乡村旅游发展中存在的主要问题,并提出可持续发展的对策建议。周聆灵(2012)以宁德地区乡村旅游为研究对象关注到了服务质量、旅游者精神体验、乡村经济精英等因素在乡村旅游发展中的影响；此外,杨建翠、李太平、任虹、徐勤飞、李肇荣等分别对成都、南京、昆明、青岛和阳朔等地乡村旅游的开发和发展进行了分析研究。

由于规划与开发直接影响到乡村旅游产品的最终表现和乡村旅游发展的成果效益，因此，我国学者在这方面的关注也是最多的。郑群明和钟林生(2005)在《参与式乡村旅游开发模式探讨》一文中对乡村旅游产品开发进行了具体的探讨；唐召英(2007)认为观念、规划、项目、旅游资源与环境保护以及人才等因素制约乡村旅游发展；程道品和梅虎(2009)以桂林市郊农业旅游开发为案例进行了分析；胡文海和郑凤萍(2008)分别以安徽和黑龙江的乡村旅游为例，分析了该区域乡村旅游发展存在的主要问题；吴冠岑(2013)应用风险矩阵对乡村土地旅游化流转风险进行了评价并提出相应措施；王德静、陈文君、张利民、方增福、熊凯等也先后对乡村旅游开发与规划理论进行了分析。

通过以上对国内乡村旅游理论研究成果的概述，不难看出，乡村旅游研究是随着乡村旅游活动的发展而逐步深入的，研究上也往往受相关学科理论及自身旅游发展程度的影响，因此，国内外乡村旅游的研究也存在许多不同，具体可从以下几方面进行分析。

(1) 就其研究领域和层次来看。

国外在乡村旅游领域的研究无论在内容上还是在范围上都比国内要更加宽泛。国外的乡村旅游活动起步很早，对乡村旅游活动的研究已经持续了很多年，在对乡村旅游内涵的认识上更加深入与透彻，并且从理论到实践已经形成了一个完整的乡村旅游研究与应用系统，多元化的理论研究使得国外的乡村旅游发展活动得到了很好的发展。相比较而言，国内乡村旅游研究的主要内容仍然停留在概念的界定、内涵的分析、模式的探讨等基础层面，无论是研究的深度还是研究的范围相对于国外都比较狭窄。此外，国内乡村旅游在实践层面的研究主要停留在旅游资源的开发与利用上，与社会学、心理学、生态学等学科的结合相对较少，这使得我国在乡村旅游资源的开发与利用上比国外要落后很多。

(2) 就其研究方法来看。

从研究的方法来看，无论是传统的访谈法、问卷法、突变法，还是新环境下的大数据分析都适用于乡村旅游研究。就国内的研究来看，由于各方面条件的限制，大部分研究采用逻辑推理法、论证法等常规的论证方法，数据调查、模型分析以及大数据分析这些国外研究应用到的方法大部分还没有被国内学者所采用。传统的研究方法，使得当前的乡村旅游研究略显沉闷，理论研究向实践操作转变也因此而受到了一定程度的影响。

(3) 就其理论与实践结合的情况来看。

国外在乡村旅游研究的过程中非常注重研究的实用性，因此理论研究与实践的结合相对紧密，特别是细节处的研究，各种数据与调查均从实践中来，对实践具有很强的指导作用。比如在国外农村旅游对住宿的研究，包括了从选址、设计、装修、服务等全方位的分析与研究。国内乡村旅游则主要是从宏观的理论与构想对某个环节进行分析的，对实践的指导性较弱。

虽然我国乡村旅游研究与国外的研究还存在一定的差距，但排除客观条件的影响，我国乡村旅游研究工作正在逐步改善，研究的质量和范围不断拓宽，对我国乡村旅游开展的指导意义也越来越重要。

二、乡村旅游的特征

(一) 乡村景观资源的丰富性

乡村旅游资源很丰富，自然资源、文化资源都可以成为旅游活动的载体，发展成为旅游景区，带动旅游经济的发展。我国作为一个历史悠久的农业国家，农村地区的地域广阔，人口众多，在广大农村地区分布着各种具有自然特色与文化特色的旅游资源，因此在发展乡村旅游经济上我国农村地区具有天然的优势。乡村的景观一般都有人的参与，并且在长期的自然劳动过程中形成了天人合一的和谐关系，这是其他旅游资源多不能比拟的。

(二) 时空结构上的分散性

乡村旅游资源主要以自然景观、农家生活以及特色民俗为主。农业生产受自然条件的影响比较大，尤其是在一些依靠农业资源发展乡村旅游的区域来说，旅游活动的季节性十分明显。农村地区在不同的季节会呈现不同的景象，尤其是在四季相对分明的北方地区，春天的花、夏天的水、秋天的气爽、冬天的雪，每个季节都有不一样的体验。这一特点也使得乡村旅游的吸引力层次更加丰富，能够满足不同旅游需求的游客。乡村旅游资源分布比较分散，这种分散性既有优势但也存在诸多的弊端：优势在于分散的布局能够扩大旅游景区的承载量，使游客获得更好的旅游体验；劣势在于分散的布局使得交通条件便利性不足，并且难以集中投资改善基础设施建设，提升旅游服务的质量。

(三) 旅游活动的参与性和体验性

乡村旅游不仅仅是一个旅游观光的项目，它包含着很多方面的因素与组成部分，比如乡村娱乐，民俗体验，田园风光等。在传统的旅游活动中旅游者大多作为一个参观者与见证者参与到旅游活动当中，而乡村旅游则能够实现旅游者与旅游资源的互动，增强旅游的趣味性与参与感，比如在乡村旅游中游客可以参与田间劳作，体验农耕生活；可以参与到民俗活动中，感受民俗文化的魅力等。乡村旅游的旅游产品的参与性也比较强，比如在乡村地区游客可以自己参与垂钓并品尝自己收获的鱼鲜。

(四) 文化层次上的高品位性

农村地区相对封闭，很多传统习俗得到了保留，这使得我国乡村旅游的文化性与层次内涵有了保证。乡村地区的民俗节庆一般都会上演特色仪式或者歌舞，婚丧嫁娶可以体验我国传统的风俗习惯，建筑巷道可以体验优美的建筑艺术，这些都是其他旅游形式难以给予旅游者的体验，而这些体验是旅游体验中的高层次享受，能够很好地吸引游客。

(五) 乡村旅游的多功能性

随着后工业社会中主导现代旅游业的自然、休闲、文化变迁趋势的出现，欧洲的旅游业发生了结构性的变化，旅游目的已经从初始阶段的人文自然景观型旅游，经由以人造主题公园为主要对象的观光旅游，迈入了第三个阶段——参与型旅游。参与型旅游是在前两种传统的以静态和被动观赏为基本特征的旅游模式的基础上，融休闲娱乐、文化教育、健体康身于一体的新型休闲旅游形式。

乡村旅游最重要的一点是让人们体验乡村生活与城市生活的不同，让游客感觉到放松与休闲。农村地区的生活节奏较慢，农村居民不同于城市居民的生活习惯，他们有规律的生活与劳作，置身于这种生活状态中人的思想会得到返送，烦躁的情绪会得到很好的疏解，乡村旅游在度假、疗养中的作用是其他旅游形式难以替代的。作为参与型旅游重要形式之一的乡村旅游业随之蓬勃发展，并与传统乡村旅游有很大的区别。

1. **一股“自然癖好”回归大自然价值的潮流**

对于自然价值的追求是工业化程度高度发展的国家，正在以极强的势头回归，并且开始影响人们的生活，而自然环境本身的吸引力成为促进这一变化的关键力量。科学作为人类文明发展的成果，在人类认识自然与改造自然的过程中发挥着关键的作用，在工业文明的价值理念的影响下，人类对自身在自然界的地位的认识产生了偏差，以人类利益为中心的发展模式导致工业化时代全球性的环境问题与生态问题层出不穷。

2. **休闲潮流的兴起**

马克思曾说过，休闲是一种非直接性的劳动生产活动。从广义上来说社会个体接受教育积累知识的时间、放松身心解除疲惫的时间以及进行社交活动的时间等都属于休闲时间。从休闲活动的内容来看，休闲注重的是对某种生活状态或者精神状态的追求，从人的本质层面来说，是人追求更高层次生命质量的活动。20世纪70年代，随着人类物质文明成果的巨大进步，休闲成为一种普通人喜闻乐见的生活方式，尤其是价值观的转变，使得人们不再单纯地追求劳动价值，生活价值与精神享受成为人们生活的目标。

3. **旅游的新习惯离不开文化变迁**

大众消费阶段对文化本质的探求成为人们选择旅游产品的一项重要标准。以北欧国家为例对这个问题进行理解：北欧国家城市化水平极高，很多人在城市生活已经超过数代，但从他们的生活习惯与生活细节来看，仍然保留有祖辈乡村生活的影子，他们对乡村旅游的推崇和认同与精神归乡有极大的联系。推而广之，很多城市居民在城市生活不过两三代人，他们的生活与行为习惯与乡村有着密切的联系，虽然乡村文化在城市生活过程中发生了很大的变化，但是我们仍然能够感觉到它的亲切与朴实。

三、我国乡村旅游的区位分布

目前我国乡村旅游主要分布在以下三种地区。

(一) 城市周边地区

在城市生活中，很多城市郊区的农村会根据当地的特点和物产开辟农产产业园区，进行乡村采摘、耕作体验以及生态农业参观等旅游项目，尤其是在经济相对发达的一线城市，如北京、杭州等。2016 年我国公布了农业旅游示范点的建设与检查标准，主要目的就是为有条件的地区开展农业旅游提供指导，并规范农业旅游活动的开展。在国家的鼓励下与各地旅游部门与农业部门的协作下，城市周边乡村游发展迅速，成为我国农业旅游发展的一大特色。

(二) 老少边贫地区

我国历史悠久，在数千年的发展过程中形成了独具特色的民族建筑文化与民俗文化。随着改革开放的进行，我国城市地区的经济迅速发展，在外来理念的冲击与碰撞下，传统文化的生存空间被挤压，传统文化与建筑逐渐被新文化与新建筑所取代。农村地区由于经济发展相对滞后，尤其是在山区，由于交通、信息闭塞，传统的生活方式与建筑文化得以保存，这是中华民族文化遗留的宝贵财富，也是发展偏僻地区农业经济的重要资源。我国古村落与古镇数量不少，但随着经济的发展，原生态的建筑文化与民俗文化正在遭受破坏，为了更好地保护与弘扬传统文化，要加快对古村落的保护性开发，以旅游产业为龙头，带动当地经济的发展，促进当地文化遗产的保护。

(三)景区边缘地区

很多优质自然旅游资源风景区都分布在人迹较少的地区，城市聚落在这些地区难以形成，因此乡村成为守护这些景区的主要人类聚集点。在景区边缘分布的村落承担着景区住宿、餐饮以及特色旅游项目服务的功能，大多情况下分布于景区周围的村落都会以景区为依托开发一批具有地方特色的旅游资源，并利用地域优势发展旅游服务经济，其发展的方向主要有如下三个：

(1) 农民依托景区旅游资源自发组织设计的旅游景观与旅游设施。

(2) 在农业生产的基础上依托农业资源发展的农业生态旅游、观光、度假、休闲旅游活动。

(3) 依托景区需求，充分利用农村资源与生活特色开发的农家乐餐饮、休闲以及住宿活动。

桂林是我国著名的旅游景区，在国内享有盛名，在桂林周边的广大地区旅游资源十分丰富，如今在广西旅游部门的引导与规划下逐渐形成了新的旅游生态布局，周边县市呈现出独具特色的旅游活动，漂流、岩洞探险、休闲度假、田园风光、攀岩、野营等各具特色的旅游活动如火如荼的开展起来，形成区域旅游整体发展的格局。

第二节　乡村旅游的类型与功能

乡村旅游是以具有乡村性的自然和人文景观为旅游特色吸引游客，在农村地区的优美景观、自然环境、建筑和文化等资源的基础上，拓展开发以会务度假、休闲娱乐等项目为主体的新兴旅游方式。

一、乡村旅游的类型

乡村旅游按照不同的分类标准可以分为不同的类型，这里我们按照其形成机理、资源本底、区位条件三个分类标准对其进行分类处理。

(一) 按形成机理分

根据各方在乡村旅游系统中所起作用的不同，可将乡村旅游分为三种类型，包括需求拉动型、供给推动型及政策扶持型。

1．需求拉动型

需求拉动型旅游主要受市场需求的影响，一般位于城市及景区等客源地周边，在政府引导下农民或企业灵活发展，这一类型的资源本底也很重要，但不起决定性作用。山西碛口是中国历史文化名镇，明清时期凭借黄河水运而成为商贸重镇，而今古镇依然古色古香。古镇特色近些年已经逐渐成为游客选择目的地的重要吸引要素，碛口古镇依托京津地区旺盛的古镇旅游需求，以原有古建筑为基础，大力发展了古镇旅游。以“碛口客栈”为代表的典型民居客栈受到了广泛的好评，“碛口客栈”之所以能够获得成功归根结底是适应了市场需求，是一种典型的需求拉动型旅游。

2．供给推动型

供给推动型旅游主要受旅游供给的推动影响，发展成具有吸引力的乡村旅游目的地。这一类型与旅游资源关联度高，具有一定的经济基础投入开发乡村旅游产品，在政府和村集体的领导下，完善旅游基础设施、改善服务，提升旅游地的综合实力与吸引力。如陕西的袁家村由当地的村支书领导，以村集体经营模式，带领村民从规划设计、建设落实、餐饮运营、服务管理等方面实现了整体的打造，成为关中地区典型的民俗体验休闲景点。

3．政策扶持型

政策扶植型旅游主要受政府政策推动和扶持作用的影响，通过精准扶贫、政策扶贫发展乡村旅游，主要分布于西部地区或贫困地区乡村，远离客源市场，但资源本底较好，发展乡村旅游具有一定的潜力。西藏林芝县扎西岗村地处原始林区，森林资源极为丰富，过去“靠林吃林，吃完不管”的消极思想，造成了农牧民收入渠道单一。当地政府进行了林业政策调整后，充分发挥资源优势，加快推进以“旅游业为龙头的支柱产业”的建设步伐，为实现在本世纪中叶把林芝地区建设成为绿色生态旅游大地区的目标，当地镇政府按照地委、行署提出的把旅游业作为林芝地区的支柱产业的要求，在深入调研的基础上，紧紧依靠当地旅游资源的优势，积极引导农牧民发展乡村旅游，引导有经济实力、有致富头脑的农户带头发展家庭旅游，为其他农牧民的参与发挥了示范引路作用，这是一种典型的政府扶持型乡村旅游发展的类型。

(二) 按资源本底分

根据乡村旅游依托资源本底的不同，将乡村旅游划分为历史文化型(包含民族民俗)、自然生态型、农业元素型(产业型)。

1. 历史文化型(包含民族民俗)

历史文化型是指依托古民居、古街巷、古民俗等历史文化价值高的乡村文化遗产，以文化的保护与再利用为核心，围绕文化遗存发展旅游，形成文化记忆浓厚、文化体验性强的文化主导型的乡村旅游发展模式。这一类型强调空间的聚拢性，一般位于交通不便、区域环境相对闭塞、自然山水优美、经济相对落后的区域，旅游活动受季节影响较小，淡旺季并不明显，因古村落、古民居、古街巷等遗产生活传承范围内，具有很强的文化传承性和不可再生性。该类型政府主导型较多，便于统一风貌，处理开发与保护之间的关系，近年来社会资本被逐渐引入。青龙古镇和张壁村是山西省两个比较典型的历史文化型村落，拥有浓郁的山西风格，具有很强的可视性和可游性，虽然两个村落发展的路线不同，但都以其自身特色放大文化型乡村的综合价值，实现多方受益。其他的如大阳镇、灵石县静升镇、阳城县郭峪村、山阴县广武城、天镇县新平堡镇、临县碛口镇等，都拥有深厚的文化基础和底蕴，成为山西最有味道的乡村文化地。

2. 自然生态型

自然生态型是指以原汁原味的乡村自然生态为核心吸引，构建欣赏乡村景观、认知自然、培养与体验生态的旅游环境，充分展现乡村生态的景观美学价值、乡村居住的宜人价值、乡村文化的追忆价值与乡村生态的教育价值的乡村旅游发展模式。该类型一般位于都市郊区，离市中心较远，是城市的“郊野公园”，山水生态环境清新一流，地方民俗独特，旅游发展从乡村生产生活区向周边自然山水环境范围进行延伸，旅游活动受季节影响较大，经营主体主要是农家乐农户、个体农庄，自发性较强，后期外来企业介入。典型案例如桂林的龙脊梯田，650 年的乡村演化与千万年自然地质变迁形成了壮观的梯田，一些农家乐经营户依托优越的自然山水环境开展经营，呈现社区生活，旅游吸引力很强。

3．农业元素型(产业型)

农业元素型是指以乡镇、村落为单位，依托原有或可引进的农业(农林畜牧)、工业(加工制造业)及文化服务业，围绕产业发展主题旅游，以主题产业的生产、生活旅游体验为特色，并构筑旅游要素发展成为一定规模的主题特色产业，带动乡村产业结构调整优化，形成产业引导型的乡村旅游发展模式。该类型一般依托于城市和大型景区景点，处于环城游憩带，特色产业旅游资源是关键，产业主题性强，因此旅游活动受农业产业时令影响大。乡村生活区向农业生产范围延伸，空间再塑性强，初期以政府资金为主，后期因产业壮大发展需求，以外来社会资金为主。清徐县中隐山生态旅游景区，位于清徐县城北的大峪村和猫儿梁村，整个区域有100多户，400余人，占地1万3千余亩。中隐山西北东南向，山势西北高，东南低。面对清泉湖和汾河，站在山坡之上，清徐新城万千气象尽收眼底。山地纵横，沟川相间；梯田阶步，葡萄满园；田间地头，果树点缀，一派山乡风貌。村内素有种植葡萄的传统，百年葡萄架比比皆是，地垄整齐划一，耕土捋细精致。翠绿葡萄架间，累累葡萄欲坠，甚是诱人。谷内泉水淙淙，长流不断。清徐县以农业生态为主题，打造休闲观光农业旅游产业，走出一条“农业＋旅游＋农业生态”的路子。

(三) 按区位条件分

根据乡村旅游的区位条件，将乡村旅游划分为四种类型，包括中心城镇依托型、重点景区依托型、优势资源依托型和交通干线依托型。

1．中心城镇依托型

中心城镇依托型分布于城郊或环城带，以中心城镇游客多次重游为主，依托中心城镇的配套服务和空间延伸，提供差异化、特色化的乡村旅游产品和服务。该类型比较容易集聚，形成环城游憩带，与中心城镇形成共生关系，业态上以吃、住、娱为主。蟹岛度假村依托北京的城市公共服务配套，发展农业休闲产业，集农业休闲观光、乡村娱乐、生态种植配送、都市农园等功能为一体，经过多年发展已经成为北京老牌的农业体验地。五朵金花依托成都的都市配套和大量游客群体，开展基于当地花卉产业的旅游体验，形成了产业和旅游双丰收的局面。另外雁栖湖不夜谷、北京宋庄、湖州获港渔庄和移沿山生态农庄等也都是结合中心城市(城镇)的配套服务和大量客群打造乡村旅游发展竞争力的经典案例。

2．**重点景区依托型**

重点景区依托型分布于成熟景区周边，或内部，或自成景区，以景区客源一次性游览为主，属于景区部分功能和业态的外溢和延伸，发展食、住、购等业态作为所依托景区的补充，形成寄生关系，并且以景区为中心进行放射状分布，在业态上与依托景区相互补充。典型案例如慕田峪国际文化村承载慕田峪长城景区流量和服务形成艺术家和游客的集聚；西递宏村依托黄山景区形成自主目的地；湖州市长兴县“上海村”，本身就是中国浙江第一个乡域国家 AAAA 级旅游景区，还有九寨沟、十渡等景区周边的农家乐都很兴盛。

3．**优势资源依托型**

优势资源依托型区位相对独立，依托具有竞争力和绝对优势的资源，比如可视性强的景观资源，极具特色的文化遗产或是富有竞争力的产业形态，通过外来的资本注入、客源导入等实现快速发展，以自身为中心向周围辐射进行自我生长，形成集聚区或功能区、目的地，未来可向景区依托型转变。雪乡位于黑龙江省牡丹江市辖下海林市(长汀镇)大海林林业局双峰林场，距长汀镇 105 公里，是一个离市区和景区都有一定距离的旅游地，但是该地充分发挥了当地林场的特色冰雪景观资源优势，放大当地民俗特色，做好对外营销，成为著名的民俗旅游地、影视拍摄地和综艺取景地。

4．**交通干线依托型**

交通干线依托型依托具有目的地性质的景观道，沿线分布，组团发展，形成具有特色的乡村旅游集聚点，客源来自景观道的自驾或团队群体。318 国道因其横跨中国东中西部，包括了平原、丘陵、盆地、山地、高原景观，包含了江浙水乡文化、天府盆地文化、西藏人文景观，拥有从成都平原到青藏高原的高山峡谷一路的惊、险、绝、美、雄、壮的景观，而被中国国家地理杂志在2006年第10期评为“中国人的景观大道”和湖州环太湖“百里观光大道”，其沿线具有发展乡村旅游的绝对优势。这种由交通干线或风景道带动的乡村旅游也将成为一种比较有代表性的类型。

二、乡村旅游的功能

(一) 解决农民的就业问题

乡村旅游的发展对于发挥农村劳动力潜在价值，促进农业劳动力就业具有重要的意义。目前来看，我国农业人口主要的就业领域是建筑业与城市服务业，但由于工作收入较低，不能长期在城市生活，形成了大量的流动人口，对我国社会与经济的稳定发展造成了一定的影响。旅游业作为第三产业，需要大量的劳动力为游客提供服务，因此能够吸收农村大量的劳动力从事旅游服务行业。此外，旅游业的发展还会带动农村地区个体经济的发展，对于促进农业地区人口的就业也有很大的帮助。在农村旅游发展的过程中，乡村旅游产品的生产加工需要大量的手工劳动者从事工艺品的生产，因此旅游业的发展也能够调动农业手工业的发展，促进就业。

(二) 增加农民收益，让农民脱贫致富

乡村旅游的发展会带动农村地区农业资源的利用，使农业经营的附加价值增加。乡村旅游发展对农业资源的利用主要体现在旅游产品的开发上，比如充分利用农业生态环境打造休闲度假的休憩庄园，从而将农业生产业经营的盈利水平提升到新的等级。在农业生态基地建设的过程中，能够产生双赢的效果，首先农业旅游的发展使得乡村生活与农业生产的经济功能被放大，农村地区的经济得到发

展，其次农业生态基地充分利用了农村地区生态环境与慢节奏的生活状态，能够吸引游客进行参观。农家乐是农业地区开展旅游活动的重要经营机构，大多数农家乐都是农民自发开办的，能够为游客提供餐饮、住宿等基本服务。从功能上说，农家乐是对乡村旅游区功能的一种补充，能够完善乡村旅游系统的功能性，促进农村地区旅游经济的发展。农民进行农家乐经营有天然的优势，首先农民有自己的经营场所，不用支付额外的租金，能够降低经营的成本，其次淳朴的农村生活是城市游客旅游的追求之一，对游客具有很强的吸引力。

(三) 有利于农村产业结构的调整

目前，我国正处于经济社会转型的重要阶段，传统的农业经营与发展方式已经不能满足当前农业经济结构调整的需求，农业经营需要拓展思路，勇于创新。在知识与技术的推动下，农业经营正在发生重大的变化，传统的个体经营与小农耕作正在被集约生产、机械化耕作所取代，农业生产的效益较传统农业经营有了一定的提高。虽然我国农业在积极转变当中，但从当前农业的经营状况来看，单一的经营模式很难满足当前农村经济发展的需求，因此拓展农业经济发展渠道，开展农业多种经营成为摆在我国农业经济发展面前的一个亟待解决的问题。随着旅游经济的发展，农村地区可以充分利用自己的资源与特色开展农业旅游，积极发展农村第三产业，改善我国农业经济的发展结构，从根本上提升我国农业经济的发展质量。

(四) 进一步改善村容村貌，促进乡村整体文明的提高

干净整洁的环境和健康文明的生活是农村地区旅游吸引力的重要来源，因此在发展农村旅游的过程中一定要注重对农村环境和精神面貌的改善。随着乡村旅游活动的逐渐发展，相关部门应该积极开展农村村容村貌改善工程，积极宣传科学的价值观，帮助农民摆脱一些不良的生活习惯。在改善村容村貌的过程当中，可以通过农村厕所改革、垃圾处理规范化、街道硬化以及绿化等方式进行；在提

升农村地区居民精神面貌的过程中，要积极开展科学、卫生、法律等知识的普及。我们知道农村地区长期受传统思想的影响，生活方式的改变不是一朝一夕能够完成，需要长期的宣传教育，在整个过程当中要本着去粗取精的原则，保留传统文化精神中的有益元素，让中华民族的传统美德继续传承与发扬。

(五) 符合社会主义新农村建设和实现中国梦的要求

改善乡村环境，发展乡村旅游，建设美丽中国，实现乡村人的小康梦，是乡村旅游发展的宗旨和承担的社会责任。当今在国家贫困地区和贫困人口之外，很多乡村并不富裕，基础设施落后，农民收入低，大力开展乡村旅游，改善农村基础设施建设，让更多的农民富起来，让农村美起来，让城市与乡村互动起来，实现城乡融合发展是实现中国梦的必然要求。开展乡村旅游是国家旅游局和整个旅游行业贯彻落实党中央、国务院关于推进社会主义新农村建设要求的重要举措，既是发挥以旅游促“三农”，为建设社会主义新农村做贡献的切实体现，也为全国发展乡村旅游带来了前所未有的契机。我们除了要看到乡村旅游在我国社会主义新农村建设中具有促进农村经济发展和文明进步、增加农民收入等积极作用，也要看到其有可能带来的不利影响，如容易产生旅游地农民阶层分化、经济发展飞地化(被外来控制与当地分离)、特色民俗文化被同化，等等，这都需要在乡村旅游的具体实施发展过程中去小心应对，着意避免。因此正确理解乡村旅游和新农村建设的关系，发挥政府职能，消除阶层分化，加强社区参与，保护农民利益等措施是发挥乡村旅游的积极作用，抑制其不利影响的必然要求。

第三节 乡村旅游发展动力系统分析

一、乡村旅游发展动力系统

有关乡村旅游发展动力系统的概念，到现在为止仍然没有一个定论。本文在此将尝试着对其进行一定意义上的概括。所谓乡村旅游发展动力系统就是指一种互动型和开放型的发展动力系统。它是由城镇居民对于乡村旅游的好奇心驱动，并由各种乡村旅游资源共同构建而成的一个系统。一般来说，乡村旅游发展动力系统包含了需求系统、引力系统、中介系统、支持系统四个部分，而城镇居民、农民、旅游企业(旅行社)、政府则是其各个子系统的构成主体。它们对于乡村旅游的发展具有一定的能动性。

乡村旅游发展综合运用了资金和技术，对乡村的自然旅游资源、社会文化旅游资源、公共投资、技术与人力资源、服务设施、基础设施等旅游产业要素及相关社会经济资源进行优化配置，使潜在的旅游资源转化为旅游者可以利用的旅游吸引物，并因此产生经济价值及其它多种价值，或对已被部分利用资源的广度和深度进行加强，从而提高旅游资源综合价值。

乡村旅游是在特定的农村环境中进行的，开发过程及开发后的经营都将对农村社会、经济和环境产生一系列的影响，因而乡村旅游的发展始终要与农村居民最直接的利益联系在一起，要使当地农民在旅游开发中受益。

首先，乡村旅游发展要充分考虑社区利益，并在“资源＋市场”开发导向下拟议旅游项目，既立足于资源优势，同时又考虑到旅游市场的需求。对现有的乡村旅游资源的赋存情况、文化内涵以及开发条件进行分析论证，在资源优化配置基础上，拟定具有地方特色的乡村旅游项目。乡村旅游项目通常能促进当地社会经济发展，并使当地居民受益，但同时也可能带来负面影响，乡村旅游开发会直接和间接引起当地社会经济环境的变化。对开发项目的影响因子进行识别，为定性定量地预测和解释影响的程度提供基础数据，目的是提出增进有益影响的建议，制定消除与缓解有害或负面影响的对策。这些影响因子包括人口影响因子、社区内和机构内的各种关系因子、个人和家庭层次上的影响因子、社区基础设施需求因子、经济条件变化因子等。各种因子又可细分为不同的内容，要根据乡村旅游资源状况、乡村旅游项目和乡村所处的区位条件等内容进行调整。

其二，乡村旅游发展是一个双向信息反馈的过程，主要通过乡村旅游开发指导委员会将旅游的影响告知社区居民，并作出解释，将其意见和建议综合考虑，尽量扩大有益的影响，消除或减少负面影响。人口影响因子、社区内和机构内的各种关系因子、社区基础设施需求因子的变化影响地方农村财政收支和经济发展，最终结果是导致当地的居民的生活质量发生变化。因此应把各因子变化对社区居民的综合影响信息传递给社区居民，以获得公众对项目开发的理解和支持。

其三，基本保证乡村旅游开发项目满足社区公众的需求和符合社区居民的利益，但能否达到预期的效果，还需聘请有关专家对项目进行可行性研究。专家运用科学的方法对拟议旅游项目进行深入细致的调查研究，对建设方案预期的经济效益进行分析、比较论证，从而评价方案的可行性，为投资决策提供科学依据。在这一步中对旅游市场和对经济的分析非常重要，以保证待开发的旅游项目在经济上可行，在市场上有需求，并具有良好的可操作性。

其四，结合专家提供的可行性研究报告，对项目进行修订。通过聘请有关专家组成专家评审团对项目可行性研究进行评审，参加评审对象扩大到旅游开发指导委员会成员，以及与旅游项目实施相关的社区代表。这样既能保证项目的科学性，又能得到社区居民的支持，以减少实施过程中的阻力。

最后，多渠道筹集开发资金，坚持“国家、集体、个人”一起上，“谁投资、谁受益”的方针，鼓励多种形式的资金投入。村民可采用资源入股、资金入股等形式，也可以工代资，以劳动力转化为股份。对于所在村的上级行政部门，则可采用旅游扶贫，投资基础设施建设的方式为旅游业初期发展注入资金，以奠定乡村旅游开发的基础。以项目换土地、土地作价或土地使用权都可以作为筹资方式。在现行政策允许的条件下，优化投资环境，给予投资者一定优惠政策以调动外来投资者的积极性。顺利筹集到资金后，即可以实施旅游项目开发。

二、乡村旅游发展动力系统的构成

乡村旅游发展的动力系统主要包含了内生和外生两个方面。当然，内生与外生是一个相对的概念，主要是针对乡村旅游的乡村区域而言。就内生动力来说，它主要是指促进乡村旅游发展的内在因素。外生动力则是指外界给予乡村旅游发展的动力所在。

(一) 内生发展动力系统

乡村旅游内生发展动力系统主要包含了以下几个方面:

第一是乡村谋求发展的驱动力。由于乡村地区的经济发展相对较为滞后，因此，各级地方政府与乡村居民都希望推动乡村经济社会的发展。而乡村旅游在一定程度上可以推动乡村经济社会的发展。当然，乡村旅游对于乡村发展的推动并非一蹴而就的，而是呈现出一种螺旋上升的发展态势。

第二是乡村资源和条件的策动力。乡村有着独特的风土人情和丰富的地方旅游产品，城镇居民对此十分感兴趣。这就促使了利益相关者的乡村旅游开发欲望。

第三是乡村的学习动力。乡村地区受教育程度相对较低，但是在当前构建学习型新农村的大背景下，很多乡村居民努力提升自己的整体素质与创新能力，这些为乡村旅游的发展提供了某种智力发展的支撑。

第四是乡村的创造力。乡村具有原生性和真实性的优势，这些都为乡村旅游的发展奠定了坚实的基础。因此，中国乡村居民是一个极富创造力的群体，他们能够建设一个具有生机和活力的乡村。第五个就是乡村对外生动力的呼应。我国乡村旅游规模在不断扩大，外生的发展动力也在促进乡村旅游的同时，刺激了乡村旅游的进一步发展。

(二) 外生发展动力系统

乡村旅游外生发展动力系统主要包含了这么几个方面:

第一是市场拉动力。我国旅游市场在社会经济发展的推动下不断壮大。城镇居民在繁忙的工作之余开始青睐于乡村旅游，这些都催生了乡村旅游的旺盛需求。

第二是政府引导力。我国农村经济发展中的一大难题就是三农问题。为了缓解三农问题，各级政府都在政策与资金等各方面扶持乡村旅游的发展。应该来说，这些手段已经取得了一定的成效。政府引导为乡村旅游的发展指明了方向，并提供了切实的保障。

第三是企业推动力。乡村旅游拥有广大的市场前景，加之它的投资小且见效快，因此，很多企业都愿意投身到乡村旅游开发当中去。这就为乡村旅游发展提供了良好的市场条件。

第四是专家或学者创新力。我国乡村旅游的发展还需要专家学者的参与，因为乡村旅游的定位与模式都是需要分析与研究的。专家学者可以通过自己的专业优势与创新能力来为乡村旅游提供这方面的指导与建议。

第五是城市辐射力。它是指城市对周边地区的经济辐射影响力。城市可以为乡村旅游提供广大的游客市场，还可以为乡村旅游发展提供有效借鉴，缩小城乡之间的差距。

(三) 二者之间的关系

乡村旅游内生动力系统和外生动力系统是一种辩证统一的关系。二者相互区别又相互依赖。它们使得乡村旅游发展动力系统成为一个动态、全面且复杂的系统。此外，乡村旅游的内生与外生动力系统内的各个要素间也是相互作用与相互促进的关系。 在这些发展动力系统中，乡村资源条件是基础，乡村谋求发展的驱动力是条件，城市辐射力是保障。总之，内生与外生动力系统是一个相互依存的共同体，二者相互配合才可以取得一定的联动效果。

三、乡村旅游发展动力系统的优化措施

鉴于以上的各种问题，乡村旅游的发展动力系统需要进一步得到完善与优化。在此，笔者认为，我们可以从三个方面来采取相应的措施，即企业、政府以及乡村。

(一) 企业方面的优化措施

在当前社会主义市场经济体制下，企业是主要的参加者，它们承担着社会生

产和流通的重任，是我国社会经济技术获得进步的重要推动力。因此，乡村旅游市场的发展同样也离不开企业方面的参与和支持。应该来说，企业在我国乡村旅游中的作用是巨大的，因为它是市场发展的主体所在。这就需要企业做好相关的旅游投资与决策工作，不断拓展自己的投融资渠道，保障自己资金链的畅通。此外，企业还需要强化旅游目的地建设工作，不断满足游客多元化的旅游需求。企业还需要强化对人员的培训工作，提高他们的服务意识和服务技能。当然，企业还需要在社会上树立一个良好的企业形象，正确处理经济效益、环境效益以及社会效益三者之间的关系。企业要通过自身的科学化管理来充分调动起乡村的积极性与参与性，最大限度的挖掘出乡村旅游的创造力。

因此，乡村旅游发展动力系统的优化，需要实行以产品创新为核心的市场化经营和管理思路。企业需要确保乡村旅游的乡村性，同时又需要遵循现代企业制度的要求，引入一些现代化的商业化经营与管理模式，合理处理好对外经营和对内管理之间的关系。从本质上来说，就是企业要对乡村的各种景观资源进行优化配置，让游客可以最大限度地接触到乡村旅游中的各种特色要素，并在商业化运作模式下得到有效管理。具体来说，企业需要对乡村旅游的吸引要素进行有效建立与合理维护，让其成为乡村旅游的独特卖点。企业还需要引入并确立针对乡村旅游的管理要素，并反过来促进旅游产品质量的提升。

(二) 乡村方面的优化措施

乡村旅游中的重要载体就是乡村。因此，乡村旅游发展动力系统的完善与优化，显然离不开乡村这个重要的因素。我们应该充分发挥出乡村的自身优势与独特魅力，引导乡村居民积极主动地投入到乡村旅游开展与建设过程中去，并认真听取相关专家学者的建议，提高自己的科学文化水平，从而在不断的自我学习与进步中提升自己的旅游服务意识和服务技能。乡村也应该在开发自身旅游资源的同时，尽可能地保护好自身的生态环境和人文环境，一定要把预防工作做在前面，避免出现环境破坏之后的修补现象。

实际上，乡村旅游开发过程中，各个利益主体要采取以利益为核心的共生化策略，否则，将导致乡村旅游发展的不协调，进而影响到利益主体的收益情况。那么，我们就需要充分激发出乡村居民的本土意识，确保产业链本地化，让经营者共生化，最终实现乡村旅游产业的共生化。这样，乡村居民才能够真正增加自己的旅游收益，也可以确保乡村旅游的健康发展。

(三) 政府方面的优化措施

政府是乡村旅游的主导力量，应该根据市场规律来完善乡村旅游市场，强化法制建设工作，为乡村旅游提供一个切实可靠的制度保障。同时，政府还应该对乡村旅游加强专家队伍建设工作，让乡村旅游有一个科学规划作为指导，有利于大大提高乡村旅游的实际效率。此外，政府还应该搭建一个乡村旅游目的地营销平台，强化市场监管和宏观调控工作，并投入更多的资金来改善乡村旅游设施状况，加强人才培训工作，真正为乡村旅游的发展提供政策、资金、人才以及技术等多方面的支持。

这就是说，政府部门应该充分意识到乡村旅游的市场性特点，并基于此建立一个高效的组织机构来削弱市场规律的负面影响。比如说，政府可以组建乡村旅游协会、农村旅游合作社等组织，对乡村旅游进行科学规划与合理的制度安排，让乡村旅游在公平的利益分配机制下带动整个乡村地区的协调化和组织化发展。

第四节 我国乡村旅游存在的问题及其未来发展

一、我国乡村旅游发展的特点与问题

虽然在旅游需求的刺激下我国乡村旅游得到了很好的发展，但是就目前来看我国乡村旅游仍然存在很多的不足，总结起来可以从以下五个方面进行分析。

(一) 经营理念低俗化

经营者的经营理念沿袭了传统经营思路，这使得当前乡村旅游的发展与我国现实的乡村旅游需求出现了一定的偏差。当前我国乡村旅游的经营理念相对低俗，对乡村旅游发展的规划忽视了乡村旅游的特点，使乡村旅游最具吸引力的部分逐渐淡化，乡村旅游商业化的气息越来越浓重。农村旅游对游客最大的吸引力莫过于休闲、求真、放松，但随着商业化经营的日益渗透，很多乡村旅游景区建立起了现代化的客栈、快餐，出现了很多符合城市生活习惯的旅游设施，这使得人们对乡村旅游的体验大大下降。在乡村旅游未来的发展过程中，我们必须紧紧围绕乡村旅游的特点以及旅游行业的发展规律对乡村旅游的发展进行规划，保证乡村旅游的天然性与淳朴性。

(二) 品牌定位趋同化

乡村旅游品牌目的是为乡村旅游的发展提供一个稳定的信誉保障，促进旅游者对乡村旅游的好感度和认可度，让他们能够更好地体验到乡村旅游的美好与快乐。旅游体验的差异性是吸引顾客的重要因素，但当前乡村旅游开发类型相对单一，游客很多都无法对乡村旅游品牌给予足够的信任，因为每个景点的服务水平、旅游特色都大致相同，去过一次之后对乡村旅游会逐渐淡薄。乡村旅游产品的定位是根据乡村旅游的特色以及发展规划确定的，不同的地区应该根据自己的特色设计特色化的旅游产品，但是产品的趋同使得旅游品牌更加难以建立。

(三) 乡土文化城市化

农耕文明与城市文明的差异是乡村旅游吸引力的根源性来源，但随着农村地区经济水平发展的逐渐提高，城乡之间的差距不断缩小，很多城市生活习惯与生活方式已经渗透到农村当中，这使得当前我国农村地区乡土文化气息越来越淡薄，对城市居民的吸引力也在下降。经济收入的增加使得农民收入提高，如何在这种情况下让农村地区居民保持初心，尊重传统的生活习惯与生活方式的转变是摆在所有乡村旅游规划者与管理者面前的问题，也是一个关系到农村旅游未来发展问题。

(四) 管理模式混乱化

乡村旅游的发展需要科学的管理才能稳定的发展。旅游行业是属于第三产业，作为服务于人们需求的一种体验性行业，与传统产业有很大的差别。旅游行业的服务对旅游服务与管理质量有很高的要求，为了更好地促进乡村旅游服务质量的提升，促进乡村旅游经济的发展，地方政府应该充分发挥自己的职责，引导乡村旅游向着健康的方向发展。目前我国乡村旅游管理端比较混乱，没有明确的责任主体对乡村旅游的规划与发展负责，政府承担了一部分责任，旅游协会发挥了一些作用，很多民营公司也在乡村旅游管理中扮演着参与者的角色，这对于乡村旅游发展的统一管理与规划具有很大的阻碍作用。为了更好地促进乡村旅游的发展，政府应该明确乡村旅游的管理与规划主体，在乡村旅游资源开发、基础设施建设、旅游人才培养、旅游市场影响方面充分发挥自己的作用，为农村地区旅游经济的发展提供最为坚实的保障。

(五) 产业组织自发化

我国人口众多，耕地面积有限，因此农村地区耕种的农民大多数属于小规模分散经营，这不仅对于促进农业生产的现代化有一定的阻碍作用，在乡村旅游发展方面，也不利于统一的规划与管理。我们知道农村耕种体验是一项重要的旅游内容，农民小规模的分散经营使得在旅游规划过程当中，很难统一地进行管理与体验规划，从而降低乡村旅游的体验性。如果将分散的农民个体组织起来，对土地与服务经营进行统一的管理与规划，不仅可以提高服务质量还能够形成强大的竞争力，为乡村旅游在旅游市场的繁荣提供良好的条件。

二、我国乡村旅游的未来发展

乡村旅游在我国刚起步，在旅游市场的发育还并不成熟，就目前来看，观光是我国乡村旅游的主要形式，当然很多基础条件较好的地区，开展了其他旅游体验项目，但这对于改善我国乡村旅游的总体状况远远不够，更多地区的乡村旅游没有形成多层次的乡村旅游系统，旅游活动发展的稳定性与动力不足。

(一) 中国乡村旅游发展理念的未来趋向

1．突出特色，营造浓郁的乡村氛围

乡村意向是农民在长期的农耕生活中形成的人们对乡村生活的一种特定认识，乡村意向代表着人们对乡村生活图景描绘中的共同部分，具有丰富的文化内涵与历史意义。乡村意向一般包括两个部分，一个是乡村景观在人们脑海中的图像，另一个是乡村文化在人们脑海中的图像。就乡村意向本身描绘的图景来说，其本身就代表着一幅美丽的画卷，能够激发人们对乡村生活与田园风光的向往。因此乡村旅游规划过程中，要最大化的做到接近乡村意向，吸引更多的游客参与到乡村旅游当中。

2．深入挖掘，突出淳朴的乡村文化

乡村旅游是一种文化内涵丰富的旅游活动，在旅游开发的过程中，我们要充分注重乡村旅游的文化性，尤其是要突出其淳朴的文化定位。乡村旅游的特色是其吸引游客的主要闪光点，旅游规划要明确乡村旅游的文化定位，这是乡村旅游规划的基本原则，也是保持乡村旅游吸引力的重要举措。“天人合一”是中国古代追求至今的一种生存境界，只有贴近自然才能激发人们心中最原始、最淳朴的归真心理。从某种意义上来说，在城市生活中各种传统的风俗习惯会逐渐随着生活方式的变化而消失，农村成为保存我国民俗文化遗存的理想之地，乡村旅游的开发为民俗文化的保存提供了更好的契机。我国乡村旅游想要完成层次上的飞跃

与进步，不能将目光停留在短期的经济收益上，要着眼长远，从更深的社会层次与文化层次发掘其旅游价值，这是保证乡村旅游经久不衰的法宝。

3．加强建设，整合分散的乡村资源

长期以来，由于自然因素和经济因素的制约，我国农业发展水平相对较低，对农业资源的开发与利用也存在很多的不足，农村地区因为农耕造成的生态环境破坏屡见不鲜。在乡村旅游发展的过程中，一定要注重对农村生态环境的保护，提升农村地区的环境质量与生活质量，这也是建设新农村，保证农业可持续发展的基础。乡村旅游大多数位于邻近城市的地区，受到城市生活习惯的影响，农业环境相对较差，对于这种现象相关部门一定要充分的重视，因为临近城市的农村在开展乡村休闲旅游方面有天然的优势，合理开发对发展这些乡村地区的经济具有非常重要的意义。

(二) 中国乡村旅游发展模式的未来展望

1．农旅结合的复合型开发模式

开发我国乡村地区的旅游资源，必须充分尊重农耕文化的原生性，将景观的建设与农耕文化结合在一起，进行复合开发。乡村旅游参与感强，互动性强，很多时候在旅游过程当中游客是在亦农亦旅的情形中度过，也就是说乡村旅游要淡化游客旅游的仪式感，让其亲身感受到乡村生活与农耕文化的乐趣，而不是以一个旁观者来参观与品评。乡村旅游并不是一个一本万利的行业，门票的收入并不能维持乡村旅游的发展，提升农村地区居民的生活质量，真正能为乡村旅游带来收益的是游客为体验乡村生活而支付的费用，而吸引旅游者消费的就是旅游服务与农耕文化，这两个要素可以为旅游者提供良好的旅行体感。

2．乡村民俗体验与主题文化村落发展模式

我国乡村旅游的发展要充分依靠民俗文化的力量与乡村特定的旅游景观，依托乡村特色资源与特色民俗，才能开发出具有旺盛生命力与发展动力的乡村旅游项目。乡村地区的古建筑是乡村旅游的重要资源，我国很多有古村落的地区，都通过依托古建筑资源开发了旅游景点，并且获得了不错的成果。此外，农村地区的民俗活动也是吸引游客的一个重要项目，随着城市生活的规律化、现代化，重复单调的快节奏生活让人们逐渐失去生活的归属感，而民俗让人们重新找回对现实生活的渴望，对于促进乡村旅游的发展具有重要的意义与作用。

3．现代商务度假与企业庄园建设模式

企业庄园是由旅游企业组织，在租赁农民的土地后，建立起来的大型休闲服务机构。企业庄园充分利用乡村地区的旅游景观和人文景观，将二者进行合理的改造与升级，并配备完善的基础社会设施，形成高质量的旅游服务提供区域。企业庄园集现代住宿、餐饮以及娱乐为一体，在企业庄园内开设不同主题、不同风格的农村休闲文化建筑单位，在企业庄园当中，旅游者可以充分体会乡村生活的休闲性。企业庄园并不单单是现代化的居住、娱乐场所，在庄园的组织下，旅游者可以体验农耕、垂钓、采花、推磨等农业生产与生活，满足旅游者心理需求。

4．农业产业化与产业庄园模式

传统农业的发展过程当中，产业的关联性主要体现在纵向关联与横向关联两个层面之上，其中产业的横向关联相对较强。农业生产的最终输出物是农产品，农产品深加工作为农业纵向产业链条中的一环，目前在我国农村地区发展水平较低。农业产业想要得到更好的发展，必须要对农村地区的优势资源进行开发利用，将资源优势转变为农业经济在市场上的优势，而乡村经济的发展需要依靠农业整体产业链条的延伸与进步。在新型的农业经济中，可持续发展农业、农产品深加工以及特色农产品生产可以充分地与乡村旅游活动进行结合，充分利用农业产业链来促进乡村地区农业经济的发展。比如，可持续发展农业作为一种新型农业，其生态效益与社会效益我们无需多言，可持续发展农业与乡村旅游的结合对农业经济的发展的推动作用也十分关键。

第二章 乡村旅游资源的开发与保护

第一节 乡村旅游资源保护开发基础理论

乡村旅游资源的保护与开发需要一定的理论基础作为指导，一般来说乡村旅游资源的保护与开发要符合乡村社会发展的规律，注重可持续发展，并以体验经济理论为依据开发符合游客需求的旅游项目。

一、乡村社会理论

乡村社会特征是乡村社会理论研究的中心内容，此外，对乡村社会的外形特征与内在实质的研究也是乡村社会理论研究的重点。在对乡村社会研究的过程中，研究者通常都会认为，对乡村特征进行衡量的主要指标是“乡村性”。

大多数乡村社会学研究者从乡村地区的机能特征，即以机能性原则阐释“乡村性”，主要从土地利用方式(农林牧副渔用地比例)、自然资源与聚落所占面积比例、人口密度等方面来衡量。1997 年，Cloke 采用 16 项指标建立乡村的指标体系，并将乡村分为偏远乡村和城市近郊乡村两种主要类型。国外对乡村发展水平研究时，也多应用“乡村性指数”来衡量，这些指标一般包括就业结构、人口结构、人口密度、人口迁移、居住条件、土地利用和偏远性等。这种机能性定义的乡村地区，因顾及到空间地区的范围，较常为地理学者所采用。但是却因其空间机能的考虑所限制，又与社会学或经济学、人口学所定义的“都市化”指标无太大差异，都是一种人 / 自然资源比例的测量，或是人 / 地密度的问题。与之相对应的，所谓乡村地区就是“都市化程度不高的地区”。

随着市场经济的不断发展，我国的社会经济环境也在不断发生着变化，人们对于城市与乡村的定义也在不断发展。当前，研究者在对乡村社会进行研究的过程中，对乡村性进行时通常会使用构建性原则。研究者认为，对乡村性定义的过于机能性，实际上是更为倾向于地理空间，而没有对乡村社会和经济的变化引起足够的关注。因此，乡村社会学的研究者开始更为倾向于对乡村的构建性特征。

随着乡村旅游的发展和人们对乡村旅游认识的逐渐深入，机能性的“乡村性”定义已不符合乡村旅游实践发展的需求，对乡村性更为广泛的认知即倾向于“建构性”的乡村性定义逐渐为学者们采纳。美国社会学家 Realer 提出应从生态、职业、文化三个层面来认识“乡村性”，拓宽了旅游研究者认识的视野。RichardSharpley (2004)提出对于乡村旅游研究有意义的“乡村性”定义应不止局限于其功能性的定义，如人口密度、土地利用等，而更应包含反映乡村社会文化结构的特性，即“文化倾向性”应是乡村性的主要特征。2001 年台湾学者汤幸芬对“乡村性”作了较为全面的论述：“乡村旅游的休闲内涵其实暗涵了压力之纾解，与乡村性的追求。”当前，乡村环境正在发生翻天覆地的变化，学术界对于乡村性的定义也在随之改变，因此，我们在对乡村性进行深入研究的过程中，必须要从文化、地理空间、经济等角度出发，以此来把握乡村性的深刻内涵。

二、旅游生命周期理论

所谓的产品生命周期，最常见的是应用于市场营销学中，指的是对于某一种产品来说，从其投入市场到最后被淘汰的全过程，可以简称为 PLC。在 20 世纪 80 年代，生命周期理论被引入到旅游学领域，在经过一段时间的演化与融合之后，逐渐形成我们在旅游学中常见的旅游产品生命周期。

在旅游产品生命周期理论中，将旅游产品的整个发展过程分为了四个阶段，即导入期、成长期、成熟期和衰退期。在不同的阶段，旅游产品表现出了不同的特征。

(1) 导入期。

旅游产品在导入期表现出来的特征是，产品的构成还不够成熟，并且相关的配套设施的建设也不够完善，因此能够吸引到的旅游者较少。并且，在该时期，消费者对于该项旅游产业也没有形成全面的了解，因此最终的销量不大，所获得的利润也不高，没有建立起稳定的销售渠道。开发者在该时期对促销费用的投入较大，因此就缩减了产品的利润空间，甚至还会发生亏损的情况。开发者通过该项旅游产品所获得的收入增长缓慢，并且不具有稳定性，产生的竞争者也不多。

(2) 成长期。

旅游产品在成长期表现出来的特征是，产品逐步走向成熟，相关的配套设施也较为完善，销售渠道逐渐打开，获得了一定的销量，产品销量和销售额都有所提高，单位产品成本下降。旅游产品所吸引的游客数量逐渐增多，对产品的了解也较为深入，旅游产品的知名度获得提高。

(3) 成熟期。

旅游产品在成熟期表现出来的特征是，大量的游客已经熟知旅游产品自身的特色，因此对游客的吸引力逐渐下降，来此参观的人数在达到顶峰之后，开始逐渐呈现下降的趋势。在这一时期，旅游产品在市场逐渐趋向饱和状态，无论是销售额还是相关的利润收入，都有所下降，在市场中呈现出激烈的竞争状态。

(4) 衰退期。

旅游产品在衰退期表现出来的特征是，旅游产品的吸引力明显下降，到此参观的人数和旅游产品的销量减少，已经出现了新的产品来取代旧的旅游产品，消费者的兴趣被逐渐转移。在该时期，旅游产品的价格达到最低点，所获取的利润较低，甚至还会出现亏损的情况，通过旅游产品来获取的利润呈现出断崖式降低，大多数的企业开始选择退出。

针对乡村旅游资源开发旅游产品要根据乡村旅游地所处的发展时期合理确定开发的策略，保证旅游资源得到最优的利用。

三、可持续发展理论

Greffe(1994)认为存在五个必要性使得官方必须参与到乡村旅游发展中，包括潜在资源的保护、供给设施的现代化、营销、培训以及扩大乡村旅游的社区参与。Briedenhan 和 Wickens 对南非社会、政治和经济转型过程中乡村旅游的发展进行调查，研究表明旅游业可以在“重建与发展规划”中发挥中心支持作用，但作者也指出这种作用还没有在市级层面上以有意义的方式实现。Greffe 进一步指出缺乏经验和培训限制了潜在发展目标的实现。

姜春志(2013)认为，在对乡村旅游进行开发和经营的过程中，要注重生态环境在其中起到的重要作用，要重点对生态环境进行改善和保护，以此才能实现农生旅游产业的可持续发展。当前的很多管理部门，在对农村旅游项目进行开发的过程中，没有认识到当地生态环境的重要性，只单纯想要获得经济效益，却对资源的利用和开发，对当地的生态环境造成了无法挽回的损失。此外，当地农民的意识中也没有形成强烈的环境保护观念，因此对文物的保护不够，很多更是遭到了破坏。一些游客在旅游的过程中，也缺少生态保护意识，放任自己的行为，随意丢弃垃圾，破坏文物，这对乡村当地的生态环境都带来了重大的负面影响。

刘玉龙(2014)认为，当前乡村旅游实现了快速发展，这其中的一个重要原因就是，当地的居民为乡村旅游的发展做了良好的支撑作用。乡村的民俗文话、地域特征，都是以当地的居民作为基础的，这对乡村旅游的最终形成具有重要的支撑作用，并在这些因素的相互作用下，共同形成了一个浓厚的文化氛围。在乡村旅游发展的过程中，不仅要注重生态环境保护的问题，以此实现乡村旅游的可持续发展，同时还要注重提高当地农民的收益，让他们享受到应有的权利。从乡村旅游的整体经营发展状况来看，其涉及政府、农村集体、经营商、开发商、农民等多个环节，这也使得乡村旅游成为了一条完整的产业链，将不同的角色相互联系在一起，而处于这个产业链最底部的则是广大的农民，他们在乡村旅游运营的过程中，所受到的影响是最大的，但是所获得的收益却是最小的。因此，想要实现乡村旅游的可持续发展，就必须要对产业链中的各个环节进行合理的协调，实现利益的公平分配，确保各方面权益不受到损害。

20世纪末，乡村旅游的发展状况引起了众多学者的注意，他们针对乡村发展中，乡村旅游所起到的作用进行了深入的研究。这些研究者从多个视角出发，针对旅游与发展之间的关系用大量的篇幅进行了说明。实践证明，在实现乡村的可持续发展过程中，乡村旅游起到了重要的拉动作用，这不仅可以增强地方文化，加强本地同外界的交流，增强本地群众的自豪感，同时还为提高当地农村的收入，拉动当地的经济发展都具有重要的意义。

在乡村旅游的发展中，如何实现文化的可持续发展也是人们面临的一个重要问题。本土性应当作为发展乡村旅游的特色，实现乡村性的结合。在乡村旅游的发展中，不可避免的问题就是，乡村文化在与现代文化的碰撞中，出现了更多的矛盾，必须要对二者进行恰当的协调。从物质层面和精神层面来看，乡村旅游和游客之间存在较大的差异。现代化的生活方式对当地的农民产生了很大的诱惑，很多村民甚至放弃了自身的特色文化，开始盲目寻求最为现代化的生活方式，长此以往，乡村旅游就会因失去文化特色而逐渐走向没落。在这种情况下，为了实现乡村旅游的可持续发展，必须要加强对当地传统文化的保护，提高本地农村的生存意识，正确对待外来的现代生活方式的冲击，全面保持当地的本土性和乡村性。

第二节　乡村旅游资源的调查及评价——以山西省乡村旅游资源为例

一、山西乡村旅游资源调查

(一) 山西乡村旅游资源种类调查

山西省的乡村旅游在全国发展中都名列前茅，其拥有丰富的旅游资源，分布在山西省的各个乡村。山西省拥有着优秀的现代农业生产园区，其在发展的过程中为农民带去了丰厚的收益，并成为了当地乡村旅游的一项重要内容，实现了当地产业结构的优化，为山西省的新农村建设作出了重要贡献，例如山西省的大寨、贾家庄、前郝村，就是其中的典型代表。山西省的众多村落都拥有美丽的自然风光，具有很大的游览价值，吸引了众多游人的前来。世外桃源花塔村、万里黄河第一滩娘娘滩、梨乡同川、花果之乡五花城等，就是其中的典型代表。山西拥有众多的地上文物，即使是在边远的乡村，所拥有的历史遗迹也具有重大的观赏价值，包括古建筑、古村落、古民居，沁河流域的城楼古堡、汾河流域的深宅大院及黄河流域的黄土窑洞等，这些历史遗迹的存在，为乡村旅游的发展增添了更多的历史人文气息。在山西省，以历史文化遗迹为特色的乡村旅游众多，具有代表性的有郭峪村古城堡、后沟村古村落、师家沟清代窑洞民居等。山西省也建设有多个全国著名的度假村，成为当地乡村旅游的一项重要特色产品，包括大营温泉度假村、顿村温泉度假村、神堂沟温泉度假村等，当地乡村的节庆、舞蹈等传统民俗，也为乡村旅游的发展做出了重要贡献。山西大同野生动植物游乐观光园、原平大营温泉生态旅游度假区、清徐县白石沟葡峰山庄、山西省农业科学院果树研究所农业观光采摘园等多处农业项目被列为全国农业旅游示范点(表 2-1)。

表 2-1 山西省国家级农业旅游示范点

批次	名称
第一批	昔阳大寨村生态农业园 忻州市前郝村生态农业园 汾阳市贾家庄生态农业园
第二批	大同野生动植物游乐观光园 忻州原平大营温泉生态旅游度假区 太原清徐县白石沟葡峰山庄

续表

批次	名称
第二批	山西省农业科学院果树研究所农业观光采摘园 长治平顺县西沟村 晋城泽州县东四义村 晋城沁水县示范牧场 晋城陵川县锡崖沟村 晋城阳城县皇城村 临汾曲沃县太子滩农业观光园

资料来源：中国旅游网《全国工农业旅游示范点》

(二) 山西乡村旅游资源的保存状况

乡村旅游的核心是“乡村性”，这同时也是吸引游客的关键。山西省在长期的发展中，乡村受到现代生活方式的冲击是最小的，因此当地的“乡村性”才能得以保存下来。这种情况的出现是因为，山西省属于内陆省份，与国内的主要客源市场距离较远，并且山西省的四面都被高山所包围，从近代之后较少受到战争的影响，因此当地的旅游资源得以较好的保存下来。从地理位置上看，山西省的乡村地区较为闭塞，现代生活方式的冲击对其产生的影响较小，在多种因素的相互作用下，使得山西能够保存下优美的自然风光、和谐的农耕田园风光、淳朴的民风民俗。当前，山西省的众多村落的旅游发展都已经得到了官方的认证，被纳入到了国家及省级历史文化名村当中，其中具有代表性的村落是临县碛口镇西湾村，被第一批纳入到中国历史文化名村中。第二批被纳入到历史文化名村当中的有，阳城县北留镇皇城村、介体市龙凤镇张壁村、沁水县土沃乡西文兴村等。襄汾县新城镇丁村、阳城县北留镇皇城村、阳城县北留镇郭峪村、太谷县北咣乡北咣村等 19 个村落被纳入省级历史文化名村(表 2-2)。

表 2-2 山西省国家级、省级历史文化名村

国家级	第一批	临县碛口镇西湾村
	第二批	阳城县北留镇皇城村 介体市龙凤镇张壁村 沁水县土沃乡西文兴村
省级		襄汾县新城镇丁村 阳城县北留镇郭峪村 介体市龙凤镇张壁村 阳城县北留镇大桥村 介体市张兰镇北贾村 武乡县韩北乡王家峪村 太谷县阳邑乡阳邑村 泽州县南村镇冶底村 介体市洪山镇洪山村 阳泉市郊区义井镇小河村 阳城县北留镇皇城村 太谷县北吮乡北吮村 沁水县土沃乡西文兴才 交口县双池镇西庄村 沁水县郑村镇湘峪村 沁水县嘉峰镇尉迟村 沁水县嘉峰镇郭壁村 沁水县嘉峰镇窦庄村 寿阳县平舒乡平舒村

资料来源：中华人民共和国建设部国家文物局山西省建设厅

(三) 山西发展乡村旅游的地理区位状况

从地理位置上来看，山西省处于内陆地区，因此在乡村旅游的发展中，如何开拓更为广阔的市场就成为其发展中面临的一项重要问题。山西省乡村旅游的发

展，不具备地理上的优势，不能接触到客源充足的沿海市场，再加上交通不方便，因此在乡村旅游的发展中，始终都处于附近省市的二级客源市场。地理位置的限制，就对山西旅游市场的开拓产生了巨大的阻碍，大大增加了山西乡村旅游的营销成本，使得环境优美的自然风光和具有浓厚历史气息的人文景观，都不能够被游客所熟知。

(四) 山西乡村地区的经济基础状况

从整体上看，山西的乡村旅游资源通常都位于一些偏远的地区，经济发展较为落后，因此在乡村旅游的发展中，资金就成为了其中的一项限制性因素。山西的乡村经济发展落后，这也就造成当地为乡村旅游的发展，所能投入的资金也极为有限，导致乡村旅游在发展过程中，就缺少足够的资金来对基础设施进行完善，这在很大程度上限制了乡村旅游的进一步发展，这些因素都成为山西乡村旅游发展所遇到的瓶颈问题。山西乡村旅游中存在的诸多瓶颈问题，就使得乡村旅游在刚开始产生时，就预示着未来的发展会遇到很多的难题。很多的游客在参与到山西乡村旅游之后，被那里优美的自然风光和宁静的乡村氛围所吸引，但是却由于基础设置不够完善，在旅游中有诸多的不便。山西乡村旅游发展中，还面临一个重要的问题，就是当地的政府部门没有对旅游的发展形成正确的观念，只重视眼前的利益，没有看到长期的发展方向。在对旅游经济进行管理的过程中，只是通过收取门票的形式来获取利益，但是却忽视其他形式的旅游收入，这就在无形中减少了当地农民的收入，同时也降低了游客停留的时间，降低了乡村旅游的综合游览价值，不利于乡村旅游可持续发展的实现。

(五) 山西乡村旅游的交通状况

山西省内部交通不发达，也成为制约乡村旅游发展的一个重要因素，从乡村旅游景点到达市中心，没有便利的交通方式。乡级公路是游客通往乡村旅游景点的主要干道，不仅路面较窄，并且路况较差，也没有清晰的指示标志，这就为游客带来诸多的不便，尤其对于那些选择自驾游的人来说就更是如此。游客在从中心城市前往乡村旅游景点的过程中，需要经过多次辗转才能到达，这就加重游客的旅途劳累，进而放弃再来的想法。此外，山西省乡村旅游所使用的交通工具也大多都是公交车，公交车的班次也较少，很少会有专门设置的旅游专用车，致使游客在旅游的过程中，仅在交通中就需要花费大量的时间，并且在旅行的途中也缺少专业的旅游服务。青草坡乡村旅游点所处的上安村位于阳曲县城以北，距离省会太原市 23 公里，距阳曲县城 5 公里，拥有优美的自然风光，适宜开展乡村旅游项目。在经过调查研究之后，发现从县城通往景区的公路状况较差，仅有 2～3 米的宽度，较为狭窄，不能满足两条车道的行使条件。在这种情况下，如果通过的车辆较多，那么必然会发生拥堵的状况，造成交通的瘫痪。尤其是，在该段道路中，还存在很多的安全隐患，有一些容易出现塌方的路段，在遇到大雨或者是暴雪等极端天气之后，游客的安全就会受到威胁，致使游客滞留，影响旅行心情。此外，在青草坡内部也不能与外界进行畅通的联系，不能实现游客流量的循环畅通。车辆在进入村落之后，没有设置专门的停车场供游客来停放车辆，并且也没有设置专门的人员对游客的车辆进行疏通和管理。青草坡的状况是很多山西乡村旅游发展交通条件的一个缩影，交通条件的不理想，制约着山西乡村旅游的发展。

二、山西乡村旅游资源综合评价

(一) 乡村田园风光价值高

山西位于黄土高原东部，介于太行山与黄河中游峡谷之间。山西的四界几乎全为山河所环绕，自古有“表里山河”之喻。在远离城市喧嚣的边远地区有很多鲜为人知的美丽乡村。这些村落或是掩映在群山之中，或是被绿水环绕，无一不透露着恬适宜人的气氛。它们个性突出，特色明显。有的是花丛密布、果香迷人的花果之乡，像平遥的六合村；有的是奇山秀水、幽洞清泉的健康疗养胜地，像

“山西第一村”忻州顿村；有的是古老建筑和人文气息完美相融，尽显自然魅力的古老村落，像阳城郭峪村；有的是“土地平旷，屋舍俨然，有良田、美池、桑竹之属。阡陌交通，鸡犬相闻。”的世外桃源，像灵丘花塔村；有的在讲述着一个传奇故事；有的在展现着沧海桑田的变化；有的在证明造化的鬼斧神工。所有这些都在向人们表达着它们与都市生活迥然不同的乡土气息。山西这些村落很多都地处偏远，交通不便，受外界的影响较小，“乡村性”保存较好，有相当数量的乡村都保持着传统的耕作方法和民风民俗，能满足游客对乡村旅游的最基本的功能需求，乡村旅游开发的价值极高。

(二) 古建、民居资源丰富

山西文物古建数量之多，居全国之最，旅游价值之高，在国内也是少有的。在偏远的乡村广泛地分布着历史久远、旅游价值极高的古建、民居。这些古建的历史最早可以追溯到春秋战国时期，岁月流逝，它们变更着自己的特征和功用，充分展现了山西的地方特色。相关的地质研究资料显示，在旧石器晚期的时候，从西伯利亚经常吹来冷风，其中还携带着浓重的黄土尘埃，并逐渐降落在我国的华北和西北地区。长此以往，黄色的尘埃逐渐堆积，并积成厚厚的一层，黄土高原就在其中孕育而生。这里所具有的特殊的地理特点，就形成了人们穴居的条件，在长期的发展中，窑洞就成为了山西民居的一项重要标志。窑洞因地制宜、就地取材，充分考虑了季节变化的影响，省料省力、冬暖夏凉。对窑洞进行深入的研究，能更清楚地了解山西地方建筑的历史演变。另外，在山西乡村还有其它独具特色的地方建筑形式，如融居住与军事功能于一体的城堡式建筑湘峪三都古城、“村是一座院，院是一个村”的吕梁风格的四合院碛口西湾村、既是山城又是城堡式迷宫的师家沟的清代窑洞民居群、纯军事建筑偏关老营堡等。这些古建民居建筑形式多样，每一处建筑都是由多种建筑样式组成的建筑群，建筑样式和装饰非常讲究，正堂、厢房、过厅、绣楼、牌坊、观景楼、门楼、倒座各具特色；门、窗、檐头、斗栱，均以精雕细刻完成；府匾、楹联、碑石，多属名家之作。有的具有北方建筑的雄伟粗犷风格，有的又具有江南水乡特色。不仅体现着它的实际功用，又表达着山西人民的独特品味。

黄河水、黄土地，给山西以滋养和厚爱，使其成为了古老中华民族发祥地之一。山西地处黄河中游，属黄河流域的中原文化圈，悠久的黄河文化孕育了丰富的文化遗产，黄河经久不息的奔流，记下了悠久的山西历史，也孕育了丰厚淳美的山西民俗文化。山西又位于华北黄土高原的腹地，远在100万年以前，中华民族的祖先就在这里劳动、生息与繁衍，在浓郁的黄土气息的滋润下，在长期的民俗传承中，山西民俗形成了古朴淳厚、粗犷豪放、多元交融、博采兼收的区域特征，使之成为黄河民俗文化中既丰富多彩又极富有代表性的类型之一。山西的民间社火节等传统节日、风格独特的歌舞戏曲、品种丰富的风味饮食、极具观赏价值的民间工艺等渐渐地成为游客参与性强、最生动和最有魅力的人文景观旅游资源。

(四) 新农村的旅游资源突出

改革开放以来，山西涌现出了一批经济建设成绩斐然的社会主义新农村，成为山西乡村地区引人注目的亮丽风景。大寨村在改革开放前就已久负盛名，在毛泽东号召“农业学大寨”之后，而被全国人民所熟知。大寨人敢做敢想的精神，鼓舞并激励着人们的前行。我国在实行改革开放之后，大寨人开始对自身拥有的丰富的自然资源和人文资源进行审视，并最终决定利用这些资源发展本地的旅游业。在经过长达五十多年的奋斗之后，山西省汾阳市贾家庄村的经济获得了突飞猛进的发展，农村的城市化发展取代了以往的贫穷落后的情境，并在当地农民的辛勤努力下，逐渐实现了村镇园林化和农田林网化，带领全部的村民都过上了“小康”的生活。中国改革开放的实行，使贾家庄村看到了新的发展生机，他们积极协作，抓住发展机遇，始终坚持壮大集体经济，力图在本地区特色的基础上，建立起农工商一体化的发展，让村民都走向小康，实现共同富裕。贾家庄村在后来的发展中被列入到了省级文明村行列之中，并成为全国科教兴村的试点，成为山西省小城镇建设的重点村落。此外，长治西沟村、临汾乔里村等也是在全国试行改革开放之后所涌现出来的社会主义新农村，与之相随的是农民的生活发生了翻天覆地的变化。山西人民艰苦奋斗的历史都被记录了下来，这些都成为了山西乡村旅游发展中宝贵的人文资源。

第三节 乡村旅游资源的开发

一、精准把握特色定位

(一) 特色形象定位

旅游形象定位就是通过设计和促销有特色的旅游产品，让社会公众和旅游者了解本地区与其他地区的差异从而形成独特的市场销售点。实际上也就是说，旅游地要在游客心目中留下生动、鲜明、独特的形象，吸引游客再次前来。

1. 乡村旅游形象定位的原则

现代乡村旅游，想要实现长久的发展，前提条件是要形成正确的形象定位。只有在设立正确的形象定位之后，在激烈的旅游市场竞争中，才能崭露头角。应当注意的是，旅游地形象定位的正确设立，需要遵循以下两项重要原则。

第一，在自身资源基础上设立。旅游地要设定正确的形象定位，必须要突出自身的特色，要明确自身的优势和劣势，这样才能做到扬长避短，实现合理的形象地位。在建设乡村旅游的过程中，必须要注重突出自身的特色，这样才能与其他的竞争者相区别，以此获得旅游市场的竞争优势，这同时也能吸引更多的旅游者前来参观。从这里可以看出，突出自身的独特性是乡村旅游形象定位的关键。

第二，区别与其他竞争者的形象定位。随着我国经济的快速发展，无论是在哪个领域的发展中，突出自身的特色都是获得竞争优势的关键，也只有这样才能与其他的竞品相区别，避免模仿的出现。对于乡村旅游来说，也是如此。乡村旅游的发展也要突出自身的旅游资源优势，防止盲目跟风情况的出现。此外，需要注意的是，在乡村旅游发展的过程中，要注重实现对旅游资源的充分利用，拓展管理思维，将更多的可用资源投入到旅游资源的使用中，丰富旅游资源。实践证明，实施差别化策略是乡村旅游取胜的关键，乡村旅游想要获得可持续的发展，就必须要设定独特的形象定位，不断开拓旅游市场，吸引更多的游客前来参观、游玩。

2. 乡村旅游地形象建立的基本过程

建立乡村旅游地的形象需要经过前、后期两个阶段，前期阶段的工作主要是进行基础性的研究，包括地方性研究、受众调查和分析、形象替代性分析等方面的工作；后期的工作则是要进行显示性的研究，包括对旅游形象的具体表达方式，如理念识别、视觉符号以及传播口号等进行研究和探讨。需要注意的是，在乡村旅游地旅游形象的整体设立的过程中，起着关键性作用的是，对地方文脉的分析。

所谓的地方文脉分析，指的就是对乡村旅游地所拥有的资源的特色，长久流传下来的民俗文化，以及在乡村未来发展的过程中所形成的社区文化等，进行全面和深入的分析，以此来发现本地发展乡村旅游的过程中，与其他地区旅游相比较，所存在的特色资源或是文化，并将其作为本地乡村资源发展的特色。在旅游地建立形象的过程中，文脉分析在其中充当的最为基础性的工作，同时也是最为重要的环节。这是因为，文脉是形象内容的主要来源，其决定了旅游形象的最终的本质内涵。此外，地方文化的渗透也是乡村旅游形象设计的关键，也是乡村旅游地想象设计的灵魂。

旅游地形象宣传口号的确定，需要以市场调研分析作为基础和前提。这是因为，在通过文脉分析得出旅游地的基本形象之后，还需要通过市场调研的形式来对游客对于旅游目的地的总体印象来进行感知和分析。这样做的关键是，只有旅游者才是旅游地进行形象传播的对象。通过调查分析的形式来确定旅游地的宣传口号，确保口号的建立可以满足旅游者的心理预期。

充分体现出旅游地的特色，显示旅游地的个性化差异，这是对旅游地进行分析的重要原因。旅游市场的竞争同样激烈，并且在通常情况下，旅游者对旅游目的地的认知也会存在“先入为主”的观念。因此，相关人员在对乡村旅游地的形象设立的过程中，首先要进行竞争性分析，避免所设计出来的旅游形象被其它旅游地设立的形象所覆盖。例如，对于水上乐园威尼斯，钟表王国瑞士等，这些旅游地形象的设定，从本质上是无法进行改变的。如果两个或是多个旅游地具有资源和功能相同的特点，那么对这些地方进行文脉分析就更是关键，只有这样才能区分出不同旅游地所具有的特色，以此才能与其他的旅游地相区别。需要注意的是，在对旅游地的产品进行设计的过程中，也要凸显其中的差异化和个性化，这是因为，产品的差异化也能凸显出旅游地形象上的差异化，形成独特的旅游地特征。

乡村区域是乡村旅游地形象的客体，旅游地规划设计师和旅游者则在其中充当主体的地位。设计师的思想和工作贯穿于旅游地形象设计的始终，包括分析基础信息、提炼核心理念和进行形象的包装等多个设计环节。旅游者的主体作用体现在，可以完成对旅游地形象的最终评价。因此，旅游地形象是由开发者和旅游者共同决定的。

(二) 旅游产品定位

完成调研评价之后需要对所需开发的乡村旅游产品进行准确的定位。一般来讲，即使一个很小的旅游产品，在开发初期也需要进行全方位的定位，这样做是为了避免盲目开发，比较准确地把握产品的开发方向。

乡村旅游产品开发定位主要包括以下几点：

(1) 区址定位。

确定产品(项目)的主体方位、区域范围以及开发面积、周围边界的基本界定。

(2) 景观特色定位。

确定产品(项目)的主体(或核心)景观以及主要的资源属性、品位等级、景观特色。

(3) 客源市场定位。

对乡村旅游地的主要客源市场以及相应的客源群体和他们的消费水平，进行分析和确立。

(4) 产品功能定位。

确定主要功能，其中包括专项、特种和复合等类型，如是乡村度假休闲型(农家乐、乡村乐园、生态养生、健身运动)、乡村观光体验型(自然景观、现代农业、农产品采摘)还是乡村民俗文化型(历史镇村、民族风情、民俗节庆)、乡村综合型(新农村展示、红色旅游、科技示范、农副产品)。

(5) 重点项目定位。

对各个重点建设项目中所包含的多个子项目进行明确，然后还需要对这些子项目分别进行概念性的策划，或是对这些子项目的主题、内容和风格进行整体上的规划。

(6) 开发时序定位。

在乡村旅游地的开发建设过程中，要分别对工作的目标、顺序和具体的实施计划进行确定。

二、突出乡土气息

(一) 建筑、住宿风格

生活在城市的游客前来乡村旅游，主要是想体验不一样的风土人貌，因此乡村旅游在发展的过程中，一定要注意对乡土和民俗的保留，尤其是在建筑风格和住宿环境方面更是如此。只有这样才能让这些群体游客感受到乡村旅游的特色，为他们在心灵上带来愉悦和新鲜感。

我国拥有广阔的疆土，生活在不同地域的村民，都拥有着独特的民俗特色，各地的景观意象也大不相同。例如，我国具有浓郁乡土风格的民居有，东北地区的口袋式民居，华北地区的四合院式民居，南方的天井院，客家五凤楼、围垄及土楼，西南地区干栏式民居等。很多村落还建设有本地的乡村宗祠建筑，能够从一定程度上反应出当地居民的生活情况，它们是当地村落发展的历史见证者，拥有独特的景观意象，吸引着大批的游客前来，例如气派恢宏的祠堂、高大挺拔的文笔塔、装饰华美的寺庙等。

1. 乡村建筑要避免与城市风格雷同

对于发展乡村旅游的村落来说，在对当地的建筑进行规划的过程中，一定要注意对建筑民风的保存。如果建筑在规划的过程中，加入过多的现代元素，将其建设成为盒子状的楼宇，用彩色的瓷砖将其包裹起来，就会与当地的整体环境产生突兀感，破坏乡村原有环境的和谐。这种建筑模式会让长期生活在城市的游客失去新鲜感，无法找寻回归自然的感觉，乡村旅游也就失去了其独特的魅力。

2. 乡村建筑要强调农家的乡村基调

所谓乡村旅游，也就是说将旅游目的地规划在广大的农村，这里具有浓郁的乡土气息。乡村环境是乡村旅游建设的基础，能够凸显出中国传统农耕社会的生活方式，展现农家闲情逸趣的意境，外有田园、内有书香、衣食富足的美好生活。久居在城市的游客，选择到乡村旅游的主要目的就是体验不一样的生活情趣，切身体验乡野之趣、田园之乐，寻找向往已久的“农”味、“野”味、“乡土”味。

(二) 游乐项目

城市与农村、市民与农村之间无论是在生产还是在生活方面，都存在较大的差异，这就最终导致了乡村旅游的产生。建设乡村旅游的核心是，让久居城市的人群回归到田园之乐，享受农家的生活乐趣。“土”不仅是乡村旅游的特色，同时也是乡村旅游的定位，农村、农业和农事是乡村旅游的主要载体，在对其进行宣传的过程中，也要紧紧抓住乡土的特征。

乡土特色蕴含在乡村旅游的方方面面，无论是田园风光还是自然山色，都有乡土的气息。游客参与乡村旅游，可以全面体验农家的生活，体验农民春耕夏耘、秋获冬藏的劳作。各地所处的不同区位和自然条件，应当是其建设乡村旅游的基础，这样才能凸显乡村旅游的差异性，体现不同的韵味。例如，浙江富阳新沙岛所推行的乡村旅游，没有建设现代化的建筑，也没有优美的历史传说和文化古韵，但是却吸引了大量的中外游客前去游玩，其原因就在于在游客进村的过程中，采用坐牛车的方式将游客带到村落中，这样就可以将进村的路程转化为旅行观光的过程，切实体验到农家的生活情趣。此外，外国人在这里可以看到我国古代人民的生活缩影，例如蓑衣、谷砻、石磨、纺车等传统农耕工具。

在经历长时间、快节奏的现代生活之后，很多人都开始向往古代悠闲的田园生活，乡村旅游就可以满足游客在这方面的需求。乡村旅游地在进行规划的过程中，可以加入几乎要绝迹的水车、水磨、石碾、鸡公车、过江溜索等；建立农耕文化展室，陈列石磨、织布机、风车、拌筒、斗笠、蓑衣、升子等，挂上相关的生活和历史照片，然后再搭配上优美的解说词，可以让从未感受过乡村生活的城市居民尤其是青少年，对乡村的产生和生活习惯进行认识和了解。

(三) 饮食、服务

在经历了繁忙的城市生活之后，更多的人开始形成对自然的崇尚，开始追求乡土的美味，并逐渐成为城市人的一种新时尚。因此，乡村旅游在发展的过程中，还要注重在饮食和服务两方面下功夫，为游客提供绿色的饮食。使游客在全身心投入到体验民俗文化的过程中，还能体验到乡间的绿色美味。

在乡村旅游的饮食设计上，需要为游客提供全生态的乡土绿色食品。在长时间的调查后发现，绝大部分的游客都认为农家菜具有浓厚的地方特色，尽管菜品的档次不高，但是却极为可口，并且极为新鲜，没有受到污染，是纯绿色食品，有益健康。因此，在乡土饮食的设计上，要注重饮食品种的多样化，在菜品的特色和味道上下功夫，要选取新鲜的食材，注重蔬菜的无公害性。民家菜和农家菜应该作为乡村旅游的主打菜品，将“土”作为菜品的特色，选用土鸡、土鸭、土猪肉、土鸡蛋、山珍野菜、石磨豆花等作为烹饪的原料。采用简单的烹饪手法，用简单的工具保留菜品的原汁原味，全面体现“绿色”的风格，从而满足游客对自然、健康、传统、养生的饮食文化追求。

在乡村旅游饮食的服务上也要注重对乡土味的保留。在待客方式上，要始终坚持农村的热情和真诚，展示古朴的民风，粗粮、菌竹、野菜、土碗、陶钵、大地锅，把乡情之“真”、风物之“淳”、乡村生活之“实”都放在民间传统的“田席”上。在墙壁上，挂一些具有鲜明农村特色的东西，如丝瓜瓢、红辣椒串、腊肉、老玉米等；吃饭的桌子、凳子也用当地的木头或石头做成，加上木制的水车、古老的榨油机，一种农家意境便凸显出来。乡村旅游的餐饮土气而野性，乡土甚浓，游客便觉自然原始，有返璞归真之感。

三、彰显民俗文化

所谓的民俗指的就是民间的风俗，是在民间产生的，并在广大的民间进行传承，其中既包括事物的传承，也包括思想和行为的传承。广大的中下层劳动人民在生产和生活中，会创造出独属于他们的民间社会生活文化，这就是民俗的产生，民俗在传统文化中占据着重要的地位。乡村民俗文化涉及众多的方面，包括生产、生活及礼仪等多个方面，不仅生动活泼，并且多彩多样，点缀了人们的生活。从一定程度上可以说，民俗和旅游是不可分割的。在现代旅游活动过程中，久居某个地方的人们，在离开当地进入到别的地方之后，就可以感受到一种不同的风土人情，与自己经常接触的环境有很大的差别。无论是在生活方式，饮食方式，还是在社交礼仪和娱乐活动方面都存在着很大的差别，让游客体验到一种别样的文化生活环境，也就是人们所谓的民俗文化氛围。也就是说，脱离所在地民俗文化的旅游行为，实际上是不存在的。

我国拥有广阔的地域，56 个民族分散在全国各地，这就使得每一个地域都拥有着不同的特色文化。在经历了长期的历史发展之后，各民族地区形成了具有鲜明特色的民俗文化。展现乡村旅游特色的关键，就是乡村民俗文化，这也是吸引游客前来参观的重点。从这里就可以看出，在乡村旅游开发的过程中，必须要注重对乡村民俗文化活动的关注，将其作为乡村旅游开发的重点。

(一) 乡村民俗文化的功能

1. 具有参与娱乐的吸引力

各民族各地区别具风格的民间传统活动，像朵朵奇葩，绚丽多彩，其内容包罗万象，尤其是一些重大节日，几乎是民间经济活动、宗教信仰、文化娱乐、社会交往和民族心理等多方面的民俗事象的集中反映，具有全信息性质，是一种具有综合性的文化现象。将游客带入到民风民俗之中，这样才能让他们切身感受到民俗文化的动人之处，入乡随俗，这也是乡村旅游的最佳旅行方式。因此，在乡村旅游中，无论是在服饰、饮食、体育活动，还是在传统节日和婚丧嫁娶中，都会设置有丰富的娱乐项目，有的甚至还会邀请游客参与其中，全面满足人们好奇、探究的心理。

2. 具有旅游观光的吸引力

乡村民俗文化最能体现、发扬中国旅游的文化性，弘扬中华民族的优秀文化，同时民俗文化旅游也有利于文化交流和人们互相间的了解和交往。

乡村民俗文化的旅游吸引力，来自于与旅游者所属民族文化的差异性。这种差异是一个民族、一个地区区别于其他民族和地区文化的组成部分。用这种它地绝无仅有的民俗文化资源发展旅游，可使旅游者领略各民族绚丽多彩的乡村文化活动和民俗风情，增强了解各民族、各地区的历史、现状和动向，从而增强旅游吸引力。

山西省非物质文化遗产——中阳剪纸作为优秀的民俗文化为当地乡村旅游的发展提供了丰厚的文化资源。中阳民间有这样的俗语：“生小子要好的，穿蓝衫戴顶子；生女子要巧的，石榴、牡丹冒铰的。”这也就是民间人们常说的“会生孩子就会剪纸”。在当地，人们的生活中已经离不开剪纸，人们衣食住行的方方面面都会涉及到剪纸艺术，窗花和团花的剪纸会贴在人们的窗户上，炕围花贴在村民的墙上，人们身上穿的衣服，脚上穿的鞋子，枕头上的枕花，绣花用的底样，都是剪纸艺术。村落中的各种节日风俗也会使用剪纸，喜花剪纸专门用于结婚、生子等喜庆节日，寿花剪纸用于为老人拜寿，门神剪纸会贴在村民的门上，灶神剪纸会被贴在灶上。甚至是在长期阴雨绵绵时，还会专门剪出扫云止雨的剪纸，悬挂在居民的院子中；在遭遇长时间不下雨的旱季，人们会剪出祈雨降甘露的剪纸，贴在村民的水缸上面等。

3．具有打造旅游品牌的基础

任何一种富有吸引力的旅游产品，必须是特色的产品。世界各地山水风光大同小异，民俗风情却截然不同，具有浓郁的本地特色。我国乡村文化丰富，其民俗文化资源不仅给旅游者以新鲜独特感，而且各地都以其为依托，创造出世界著名的旅游品牌。

(二) 乡村民俗特色的开发

在对地区的民俗文化进行开发的过程中，一定要注意要从当地的实际情况出发，要能充分体现出当地的民俗文化特色，这才是对民族文化开发的最佳形式。将丰富多样的民俗文化蕴藏在乡村旅游建设中，不仅可以提高乡村旅游的精神内涵，同时还可以展现民俗文化的新趣性和多样性。想要提高乡村旅游对游客的吸引力，可以通过开发民俗文化入手，提高乡村旅游的精神内涵。具体来说，可以从以下两个方面入手。

1．挖掘当地的风俗民情

乡村旅游的发展必须要对民俗文化的内涵进行深入挖掘。村落中的各种资源，在对其进行合理利用的情况下，都可以成为乡村旅游资源，例如不同季节的景色、农作物、乡土民俗等，都可以成为对乡村旅游资源进行丰富的重要载体。实践证明，在乡村旅游中，加入民俗风情元素，会对游客产生较大的吸引力，尤其是国外游客。

2. 增强民俗文化的参与性

当前，在大多数的乡村旅游中，所涉及的娱乐项目主要集中在吃、住、玩等项目中，属于低层次的休闲方式，所涉及的民俗文化极为有限，这就在游客体验乡村生活的过程中，大大减少了他们的参与性，也减少了他们的乐趣。对于游客来说，他们选择旅游来满足自己的精神需求，因此也想要参与到民俗文化活动过程中。“乡土”是乡村旅游的特色，因此在游客体验当地的民俗文化、农耕文化和乡土文化的过程中，可以适度增加活动环节，让游客切身参与其中，增强游客体验的乐趣，提高当地乡村旅游对于游客的吸引力。

第四节 乡村旅游资源的保护

在乡村旅游发展的过程中，一定要注重对旅游资源的保护，这不仅有利于乡村旅游的可持续发展，同时对于人类的生存繁衍都具有重要的意义。我们能给后代子孙怎样的自然美?那些正在消失的语言文字能否留存和传承下去?如何让生活在这片土地上的人们更好地享受自然的馈赠?这些让我们对乡村旅游资源的保护变得更有意义。

一、开发与保护的关系

丰富的乡村旅游资源成为发展乡村旅游的前提和保障，这些资源的存在和延续不单单是为了增添游客的乡村旅游体验，更是当地人们生存环境和生活条件的优化表现。国家的繁荣预示着人民的幸福，人们的生活稳定愉悦也是国家富强的具体表现，尤其对于中国这样的农业大国，在广泛的乡村地区，人们拥有好的生活状态更是国家层面的需求。具体而言，乡村地区的人居环境和社会环境是促进农村地区安全稳定的风向标。通过保护，以期能更好地维持自然生态环境，保持

"乡村性"，维系"乡土情结"。

资源的价值体现在更好地为人类的需要服务，对资源的开发恰恰有可以提高其价值的可能性。中国的西递、宏村，荷兰的 Giethoom(羊角村)、日本的濑户内、意大利 Cinque Terre(五渔村)等村落，借着市场化的手段，开发成为现代人向往文化气息的生活休闲之地，不仅更好地体现了其利用价值，同时也让其得到了更好的保护。那么像这样开发利用得当，作为逻辑意义上非消耗性资产的旅游资源也是可以"用之不竭"的。但是在实际的实践中，利用和管理不善却是常态，所以很容易造成这些资源的破坏。可以预见的是，对乡村旅游资源的破坏会造成其质量的下降，影响其市场吸引力；更为严重的破坏甚至会摧毁乡村旅游资源，使得该地区的乡村旅游业失去存在的基础。所以，开发是在保护的基础上，通过周密的规划和妥善的管理，将问题的可能性降到最低。换句话说，保护与开发并不是对峙的，我们不能将它们对立起来。片面强调发展进行开发而不计较可能出现的不良后果是错误的，然而一味固守保护，过分坚守自然主义的观点也是不可取的。

二、乡村旅游资源被损害和破坏的原因

为了有效地保护乡村旅游资源，人们首先有必要认清致使乡村旅游资源遭受损害和破坏的原因。大体上来讲，主要有自然因素和人为因素两大类。

(一) 自然因素的作用

由于自然因素的作用而致使某些乡村旅游资源遭受损害和破坏的情况很多，其中较为常见的情况包括：

1. 突发性自然灾害

一些重大的突发性自然灾害的发生，如旱灾、洪涝、台风、风暴潮、冻害、雹灾、海啸、地震、火山喷发、滑坡、泥石流、森林火灾等，往往会使受灾地区的旅游资源遭到重大破坏，有的甚至对某个乡村地区造成毁灭性的破坏，如

2008年汶川地震，使位于四川省北川县县境南部的漩坪乡全部淹没于地震形成的唐家山堰塞湖之下。而这些重大突发性自然灾害发生在乡村地区的概率超过城镇地区，例如泥石流一般发生在半干旱山区或高原冰川，其中在西藏、四川西部、云南、甘肃等地的乡村地区极易发生雨水泥石流，一旦发生，可能冲毁乡村，破坏房屋、农作物、林木、耕地，对乡村旅游资源是毁灭性的冲击。位于远离山西盂县县城的深山沟谷间的大宋古村，村里的房屋依一整块巨石斜坡而建，木框结构、土石垒墙，道路和台阶也大都是从岩石上凿出。远远望去，山林葱郁、溪流潺潺，古民居层层叠叠、鳞次栉比，好似布达拉宫。虽处在北方太行山脉深处，大宋的房屋形状却带有南方山寨的特点。但在1999年，山洪、泥石流爆发，山西千年大宋古村再次险遭灭顶之灾，很多房屋濒临倒塌成了危房、险房，很多保存完好的古建筑被破坏。由于自然条件和基础设施等限制，在发生自然灾害时，乡村地区往往遭受更严重的破坏，如洪水来临时可能淹没沿途的很多乡村，但在城市地区却可以有效避免。甚至于在灾害发生时，由于交通的影响，救援不及时、乡村地区物资设备缺乏，还会给乡村居民带来更严重的生命安全问题。

2．动物性原因

某些动物性原因，例如鸟类和白蚁的破坏作用，往往会对乡村历史建筑和水利设施类旅游资源的安全构成威胁，古有“千里之堤，溃于蚁穴”，今有古建筑“蚁患成灾”，如“国家级历史文化名村”“首批中国传统村落”的傅村镇山头下村的多座古建筑遭到白蚁的大面积侵蚀，部分古建筑甚至存在倒塌的危险。而病虫害对农、林、牧业的影响也导致以此为基础的乡村旅游资源遭受破坏。农田景观和草场景观是大部分地区乡村旅游的核心资源，而它们所依赖的农作物和草场却极易受到病虫害的影响。山西省气候干燥，古建筑多以砖、石结构为主，因此，遭受白蚁破坏的程度相对于南方省份情况要好很多，但鸟类、老鼠等其他动物对古村落建筑也会造成一定的破坏。

(二) 人为因素的作用

除了自然因素的作用之外，更值得关注的则是人为因素对乡村旅游资源造成的破坏。这里所指的人为原因在很大程度上并非是有意的人为破坏，而是由于乡村地区的发展和旅游开发中的某些因素导致的破坏性后果。较为明显的这类原因主要包括：

1. **城市化因素**

毋庸置疑，城市化为乡村旅游带来发展的机会，然而机会与挑战并存，在城市化的过程中对乡村旅游资源造成破坏和损害的例子也很多。如山西清徐县清源镇贾兆村是太原市传统民居保存较为集中的古村落之一。其砖雕历史悠久，是我国非物质文化遗产。贾兆村现有历史民居30余处，串院、独院带有强烈的姓氏、家族文化的色彩，为典型的晋商建筑风格，但贾兆村面临拆除，多处古宅院文物被迫拆掉或转移。这种由于城镇化建设的需要而拆掉古民居等古建筑的现象在城市化过程中不断地上演。更甚的是对某一区域内整个乡村的拆除，让乡村不复存在，而存在于这一地区的乡村旅游资源也自然无从谈起了。

城市化进程中乡村地区遭受破坏和损害的远远不止这些可以直观感受到的物质文化景观，同时城市“强势文化”对乡村传统文化的冲击也不容小觑。例如世界范围内的小语种灭绝便是来源于城市化的“功劳”，人们更愿意去学习那些主流的语言以便能获得更多机会。我国的乡村地区也面临同样的情况，尤其是一些偏远和少数民族地区，发展可能失去了本地区、本民族语言的传承，那些没有文字只能靠口传的语言更加容易受到影响和遭受毁灭。随着城镇化速度的不断加快，传统的乡村社会面临着解体的危机，人们对于土地的依赖感在逐年下降，农耕式的生活方式正在遭受冲击。在很多的村落中，很多人维持生计的方式已经不仅仅再依靠土地和农业生产。随着人口流动速度的加快，职业的分化程度也越来越大，乡村空心化现象越来越严重。乡村肌理的慢慢褪去与乡村空心化，都提醒着我们城市化可能带给乡村旅游资源的质的破坏。

2. **开发建设因素**

乡村旅游多为经营者自主开发，有些开发者在开发建设的过程中，由于不注意环境保护或是出于一己私利而导致当地环境景观遭到破坏的现象也较常见，例如随意炸山开路、砍伐森林、大兴土木等，结果可能还没建好，环境就已经被较严重地破坏了。此外，乡村旅游资源过度开发客观上也是导致当地乡村旅游资源质量下降的重要原因之一。例如不少乡村旅游地大兴土木、大建楼堂馆所和大型娱乐设施、乡村旅游地被改造成主题公园，从而村落景观失真，使得乡村旅游赖以存在和发展的乡村旅游资源特色消失，造成农村地区乡村特性的淡化和乡村景观的庸俗化。这些乡村低水平开发和重复建设的现象，还体现在很多乡村地区建筑物的外观统一和盲目跟风的情况，导致乡村缺乏地域特色。

3. 旅游活动因素

近年来，随着乡村旅游的火爆发展，吸引了众多的游客前来参观旅游，造成当地往来的游客激增。随之而来的是游客的过度踩踏造成土地的板结，致使很多植物枯萎；有的游客在攀爬山顶的过程中，对周围的土石进行采挖，造成严重的水土流失，很多树木的根系被裸露出来，并最终造成了众多草木的死亡，这对于当地的生态环境是一种巨大的损害。除此之外，众多游客的不文明的旅游方式也会对当地的生态环境造成破坏。游客使用的交通工具，会排放出大量的废油和废气，这些都会对乡村地区的空气环境造成影响；游客食宿产生的生活污水和生活垃圾也会对乡村地区的水体质量和生态环境造成影响，有的时候会变成较严重的破坏。可以说，旅游活动在一定程度上加剧了自然生态环境的恶化和污染。

除了对自然生态环境的负面影响，随着大量游客的涌入还加速了自然风化的速度，导致古迹的破坏。更有甚者部分游客对文物古迹尤其是乡村古建筑的任意划刻、涂抹，对乡村旅游资源在景观价值和吸引力方面造成了严重损失。同时，随着外来者的涌入，异族以及同族异地文化、思想意识、生活习俗的引入，使某些乡村地区传统的民族文化、民族风情正被逐渐冲淡、同化以至消亡，从而加速了地方文化的变迁。因而，旅游活动还会加速人文生态资源的损坏和变迁。

4. 经济落后

一般来讲，乡村地区的经济较为落后，由于经济方面的原因对乡村地区的旅游资源造成破坏和损害的例子也越来越多，很多优秀古民居相继消失。从很大程度上来讲，经济因素会从内部瓦解人们对乡村旅游资源的保护意识。除了从外部获得经济补偿而从主观上破坏乡村旅游资源的现象外，还有一些令人惋惜的情况，由于没有经济的保障及当地居民的封闭，很多具有历史和文化价值的民居没有得到很好的修缮和保护，很多优秀的非物质文化技艺没有新的传承人，而让那些传承数千年的非物质文化遗产濒临失传。

以上所述只是导致乡村旅游资源被破坏和损害的原因的一部分，而非全部。人们应当充分关注这些问题和现象，并有着清醒的认识。为了让乡村旅游资源持续地为我们和后代造福，更好地促进乡村地区的旅游发展，需要采取措施对它们加以保护。

三、保护乡村旅游资源的举措

对乡村旅游资源的保护有主动式保护和被动式保护两种，它们之间的关系也就是通常所讲的防治和治理之间的关系。明显地，我们在对乡村旅游资源进行保护时应当以“防”为主，以“治”为辅，“防”“治”结合，运用行政、经济、技术、法律等方面的手段，进行管理和保护，实现乡村旅游的可持续发展。

(一) 实施统筹规划，适度留白

对于开发建设因素可能对旅游资源带来的危害，在开发者进行开发前就应当采取必要措施进行预防。例如湘西老司城遗址在开发之初便设立了相关的保护条例，要求开发利用必须遵循对文物的原样保护，并在设定的保护范围内不得有任何破坏老司城遗址、危害文物安全的事物和行为产生，从而降低开发不当可能带来的破坏。像这种开发前实施规划统筹，对旅游资源利用设立“开发红线”，实行适度留白的策略，是乡村旅游资源开发的前提，并且也实现了对周边生态环境和文化环境的保护。对乡村旅游的开发规模和开放方式要进行适度的控制，避免出现过度开发的情况，根据周边村落的环境承载力，对前来的游客数量进行限制，实现循序渐进的开发。例如，在新建旅游基础设施的过程中，要注重对当地原生态环境的保护，实现各种设施与环境的和谐。此外，对前来参观的游客，还要加强对他们生态旅游的宣传，对他们的行为进行约束，实行文明旅游的组织，注重对当地生态环境的保护。

(二) 落实经济扶持，切实保护到位

经济是发展的目标也是发展的基础，经济与政策的倾斜是乡村旅游发展的保障。山西省作为我国古文化村镇保有量较多的省，并且走在了乡村旅游发展的前列。2016 年山西省财政厅下达第二批中国传统村落保护中央财政农村综合改革转移支付资金 4350 万元，支持山西 29 处被列入中央财政支持范围的传统村落，并在此基础上开展相应的保护工作。下发的资金主要用于保护和修缮传统建筑和历史遗迹，加强村落的防灾减灾设施建设，对村落的环境进行综合治理，建设贴近人们生活的基础设施，满足村民的生活需求。此外，针对传统村落的历史遗迹和人居环境，还要制定相关的保护措施，并切实执行。资金充足使乡村旅游资源得到有效的保护，乡村的基础设施也能得到更好地建设，交通可以很好地得到改善，而这些也能更好地激励当地居民参与到保护中来，实现乡村旅游资源的可持续利用。

(三) 加强技术创新，节能减排

在劳动人民的智慧和辛勤劳作之下，乡村地区很好地演绎了人与自然的和谐。在天然的低碳地区，可以因势利导地开发旅游，不仅保护了原有的旅游资源，同时也增添了当地的资源魅力。除了发掘古人智慧中的技术在现代旅游开发上的运用，还应引入现代先进的科学技术，如广泛地推广和应用清洁能源技术，安装先进的排污系统等。某些乡村地区开展旅游业的同时发展畜牧业，不仅增添了旅游吸引力，同时利用畜牧业产生的粪便进行沼气发电，实现“变废为宝”。技术的引用可以有效地保障乡村旅游发展的社会、经济、环境效应，自然也就能

更好地保护乡村旅游资源了。

总的来说，无论是采取规划手段，还是技术手段来遏制可能导致乡村旅游资源破坏和损害的原因，关键问题在于在乡村旅游发展过程中相关利益群体能否群策群力，落实保护的决心和承担相应的责任。所以应当强化政府管理职能，做好立法监督，严控开发建设，引导政策扶持，同时结合市场手段以利用促保护，实现乡村旅游资源的可持续利用。当然，由于目前乡村旅游的发展阶段问题，如何将保护工作落到实处，将是乡村旅游资源保护工作成功的关键。

第三章　乡村旅游市场的规划管理

第一节　乡村旅游市场的调查及分析

一、乡村旅游市场调查

(一) 乡村旅游市场调查的类型

1．探索性调查

探索性调查的主要作用是对旅游目的地存在的基本问题进行定性分析，并通过该分析发现旅游活动规划中存在的问题，以此来确定旅游活动规划的重点项目。

探索性调查的方式相对灵活，一般来说不需要提前进行细节的规划与设计，随着研究活动的深入，根据实际情况随时对调查的重点与方向进行调整，以保证调查目的的完成。探索性调查的目的相对明确，但是由于没有调查的重点，因此在调查过程中需要对大量的资料进行分析整理，工作的范围与工作量非常大。探索性调查大多数情况下是通过访谈或者文献法进行，通过对行业专家的访谈或者历史资料来获取基本信息，并以此为基础对旅游目的进行相应的分析。

2．描述性调查

描述性调查是通过调查与分析对旅游活动以及旅游活动规划中的某些环节进行客观的描述，以此来发现问题的一种调查方式。描述性调查最大的特点是描述的客观性与准确性，作为描述者的调查人要站在公平、公正的立场上对所见到的事实进行客观的叙述，不能掺杂个人观点，以此来为旅游市场的分析提供客观的依据。

不同于探索性调查，描述性调查是一种相对严谨与缜密的调查活动，为了更加准确地对市场进行分析，需要事先对调查与描述的细节进行规划，保证调查数据有效性以及调查活动的缜密性。描述性调查的调查方式相对固定，自由发挥的空间较小，需要对问题进行细致的分析与研究。

3．因果性调查

在旅游目的地营销活动中，许多因素存在着因果关系，对这些关系的调查叫作因果性调查。因果性调查的目的是找出各因素之间的因果关系，弄清营销问题的发生原因，并对影响要素变化对市场销售的关系进行深入的分析与探索。因果性调查是一种步骤严谨，逻辑过程严格的调查方式，因为调查的目的是直接揭示问题产生的原因，因此要保证调查范围的合理性，不相关的环节要排除在计划调查范围之外，避免因为方向错误导致的调查活动的浪费。

4．预测性调查

预测性调查是通过对市场的分析与调查对市场未来的变化进行有理有据的预测，为旅游企业在旅游市场上的决策提供依据。在预测性调查过程当中，要根据当前的市场变化对未来的需求变化进行分析与预测，目的是增强旅游企业抵抗市场风险的能力。预测性调查的范围非常广，在调查的过程中能够采取的方式也很多，是一种对调查者主题把控能力与要求较高的一种调查方式。

(二) 乡村旅游市场调查的内容

1．对消费者购买行为的调查

旅游服务是一种无形、无质的产品，其在市场上的表现是通过品牌形象以及市场评价来表现的。因此在旅游市场调查的过程中对游客的需求进行了解是必须要完成的调查项目，因为消费者购买行为的形成就是在其刺激下产生的。公众对旅游目的地形象的评价，对游客，尤其是对潜在游客的购买决策具有很强的说服作用。

2．对销售过程的调查

在销售过程中，游客会比较看重服务感受、服务质量和满意程度。因此在对市场进行分析与研究的过程中，对旅游产品或者服务消费的过程进行全面细致的调查也是必须要完成的一项调查任务。产品优秀的服务与过硬的质量，会使企业形象品牌逐渐树立起来，并逐渐升级企业的无形资产。

3．对中间商的调查

中间商是卖家与买家之间的中间交易环节，旅游中间商在旅游活动中扮演着重要的作用。中间商在旅游活动中的作用是对旅游产品进行推广，为游客提供服务与便利，让更多的游客能够参与到旅游活动当中。在旅游活动发展的过程中，通过对中间商的了解与认识不仅能够对旅游市场有一个明确的认识，还可以对中间商的实力进行了解，以此来确定旅游项目的合作对象，是必不可少的环节。

4．对竞争对手和相关行业的调查

竞争对手是直接影响市场占有率与经营效益的要素，在旅游市场上对同类型的旅游产品进行充分的了解，找出其优势与缺点，以此来确定自身旅游产品的特色，确保自己的竞争力。在市场经济时代，竞争作为一种促进市场良性发展的机制，能够为市场主体竞争策略的制定提供决策依据，从而在竞争层面获得优势。在旅游市场上，竞争不仅来自市场上的其他竞争对手，还来自于同地域之间其他旅游产品的竞争，其范围更加广泛，因此要对其进行详细的分析。

(三) 乡村旅游市场调查的对象

乡村旅游市场调查可以根据具体情况采用观察法、询问法、网络调查法等，调查的内容可以根据调研目的进行设计和安排，通常包括游客动机、游客人口学特征、游客消费水平、地域结构等方方面面。调查对象包括以下几类：

1．对当地居民的调查

乡村旅游发生在乡村，其资源依托地在乡村，旅游吸引物也以其乡村性为主，乡村居民淳朴的自然生活形态本身就是一道旅游风景线。开发乡村旅游，一方面，会对当地人的生产生活产生巨大影响，从某种程度上来说，开发乡村旅游的根本目的就是增加当地人的经济收入，促进乡村经济发展。另一方面，开发乡村旅游离不开当地人的支持，脱离了乡村居民的旅游发展道路是行不通的。所以，开发乡村旅游，进行乡村旅游市场调查，首先应该对当地乡村居民进行调查。

对当地乡村居民进行旅游市场调查以面谈、电话等问询方式为主。问询法简单方便、灵活自由，可随机提出一些相应问题，对不清楚的可补充阐述，被调查者还可充分发表意见，相互启发，把调查问题引向深入，有利于获取较深入的有用信息。例如，可以请熟悉当地风俗、文化的居民面谈，请他们对乡村旅游人文景观的开发现状和市场情况提出一些意见或建议。用问询法调查，信息量大，回收率高，可信度大，是乡村旅游市场调查的常用方法。

2．对客源市场的调查

对乡村旅游资源处于“养在深闺人未识”的乡村旅游区来说，其乡村旅游客源市场调查宜以当地乡村居民的调查为主，而对已开发、游客市场已初具规模或相当规模的旅游区来说，乡村旅游市场调查则可以针对乡村旅游客源市场进行，客源市场对旅游区景观、环境、基础设施、产品价格等印象的反馈对指导乡村旅游区的下一步开发建设有重要的指导意义。

针对乡村旅游区客源市场进行的市场调查，一般采用问卷调查法，调查人员将事先设计好的调查问卷发放到调查者手中，问卷的设计一般以选择题和是非题为主，便于游客作答。在问卷最后可以适当设计开放性问题。

3．对相关部门调查

到当地相关部门进行调查也是乡村旅游市场调查的有效途径之一，如当地旅游局、农林局、水利局等政府相关部门；行业协会，如观光农业协会、旅游协会、景区(点)协会、饭店业协会等。一方面，政府和相关部门能提供翔实的官方数据和资料；另一方面，政府和有关部门对乡村旅游市场的判断较敏锐、准确，对乡村旅游市场开发的意见或建议具有前瞻性、权威性和战略指导意义。开发乡村生态旅游，需要林业局、水利局、环保局等提供的相关数据和资料；旅游区市场规模预测、旅游区旅游环境容量确定等也需要到相关部门收集资料；地方部门往往熟知可以推出的旅游产品、能吸引游客的地域范围、游客群体，以及客源市场规模。调查人员对这些资料的收集对旅游区开发建设意义重大。

对地方相关部门的旅游市场调查一般以面谈访问为主，着重对旅游市场需求、旅游市场供给情况进行调查，可以是个别谈话，也可以是开会集中征求意见，可信度高。

4．对同业竞争者调查

有市场就有竞争，在乡村旅游蓬勃发展的过程中不可避免的是目的地之间的竞争，这种竞争一开始表现为资源的竞争，后来表现为产品的竞争，最后归结为营销的竞争。因此，对于某个乡村旅游目的地来说，市场上的竞争者是不得不关注的。同业竞争者的调查包括有哪些竞争对手，哪些是现实的竞争对手，哪些是潜在的竞争对手，竞争对手的资源特点及定位、资金实力、乡村旅游产品项目设计、服务质量、价格水平、促销策略等状况。

(四) 乡村旅游市场调查的方法

调查方法的选择和运用直接关系到乡村旅游市场调查的进展程度和调查结果的可信度，因此调查过程中必须选用科学的方法。在乡村旅游市场调查中常用的方法主要有：

1．询问法

询问调查法是调查人员与被调查者直接接触的实地调查方法，旅游市场调查人员通过将事先拟订好的调查问题以各种方式向被调查者提出询问，通过其回答获取所需资料。为了方便调查人员收集资料的规范与整理资料的方便，事先拟订的问题一般以调查问卷的形式出现，所以，调查问卷的设计直接影响调查的效果。

询问调查法一般分为以下 4 种：

(1) 访谈法。

访谈法由调查人员访问被调查者，根据调查提纲当面提问或电话提问，其方式有个人访谈、小组访谈、会议访谈。采用这种方法，调查人员可以依据被调查者的具体情况，灵活决定谈话方式、谈话内容和时间，并有助于消除被调查者的疑虑，建立融洽的访谈气氛，因而效果好、质量高。但是，这种方法费时间，费用也比较高，又容易受调查人员素质的影响，管理操作比较困难。

(2) 邮寄法。

调查人员将设计好的调查问卷通过各种媒介(如利用邮政邮寄、电子邮件、报纸杂志刊登等)传递给被调查者，请其填写后寄回。这种方法可以调查比较多的内容，被调查者也可以有时间认真考虑、从容回答，但是，这种调查的回收率低、信息反馈时间长，从表格中也很难判断被调查者回答的真实性。因此，应用邮寄调查法可以使用一定的物质刺激来提高调查表的回收率。

(3) 留置法。

这种方式介于访问法与邮寄法之间，是调查人员在访问过程中留下调查问卷，让被调查者自由填写，过后再予以收回。这种方法可以避免访谈法时间比较短、仓促、问题简单的缺点，也避免了邮寄法回收率低的不足；但是费时间，成本高。

(4) 电话法。

由调查人员通过电话向被调查者直接征询意见。这种方法的优点是信息反馈快，费用比较低，但是，问题不可能太多，也无法深入交谈。

2．文案调查法

旅游市场营销调查主要是对两种类型的数据进行统计与采集，即统计数据与原始数据。统计数据并不是原始的一手数据，它是经过其他人的加工整理形成的具有一定的统计意义与说明作用的数据，系统性比较强，通常出现在文献资料当中。原始数据是指直接收集获得的第一手数据，它没有经过整理与归纳，因此相对杂乱，但其准确性与应用的范围相对于统计数据来说要更加可靠。文案调查法主要是针对统计数据进行搜集与整理，由于不直接进行实地调查需从其他途径获得数据资源，因此称为间接调查法。

(1) 资料来源。

通常情况下，统计数据资料的来源我们总结为以下几个：

① 旅游企业在常年的经营过程中累积形成的各种资料，主要是企业的内部文件、统计报表等。

② 国家权威机构公布的发展规划中对宏观市场领域进行的数据调查与说明，权威性较高。

③ 旅游行业协会组织进行调查的行业发展状况统计以及其他专业的旅游调查机构发布的调查报告。

④ 旅游企业之间交流的有关资料。

⑤ 国内以及国外的书籍、报刊、期刊等各种资料，这也是获取方式相对便利的一种数据来源。

(2) 数据的获取方式。

获取以上统计数据的方法主要有以下 3 种：

① 文献资料筛选法。文献资料的筛选主要是根据市场调查的目的针对性对资料进行筛查与选取，目的是能够以最快的速度、最便捷的方式获得相应的市场情报，为旅游活动的规划提供决策依据。比如如果在对旅游活动进行规划的过程中，想对旅游市场的消费状况进行分析，可以通过关键词来筛选文献资料，也可以在《中国旅游统计年鉴》中对我国旅游消费以及消费者的构成群体等更加细节的资料进行整理与提取，从而来了解我国旅游市场的消费情况以及消费群体的构成等市场信息。

② 报刊剪辑分析法。报刊是一种连续性刊登即时性信息传播媒介。随着我国经济发展模式的转变，旅游业作为我国未来经济发展的重要组成部分，受到

了越来越多的关注，报刊上各种关于旅游的信息与数据越来越多，旅游市场的变化也在报刊的密切关注之中。

如果市场调查人员对报刊、期刊等刊物上的旅游市场信息进行筛选与整理，能够得到连续性的信息，对于分析市场、了解市场具有重要的意义。在旅游活动的规划当中，要充分重视报刊的作用，因为报刊刊登的不仅仅有旅游市场的直观信息，还有国家对旅游业发展的政策与引导方向，这对企业旅游活动的长远发展具有重要的意义。

⑥ 情报联络网络。情报联网网络是指旅游企业或者旅游活动规划部门通过在国内外设置情报搜集网络来获取资料的一种方式，它能够为企业提供最为直接、最为有效的情报来源。一般来说，企业情报搜集部门是随着企业销售网络的建立而设置的，有些企业有专门的机构负责市场信息的搜集，有些企业则将销售网络与情报搜集网络融合在一起，销售部门同时肩负着搜集市场信息与客户反馈的责任。

3．观察法

观察法是指通过观察来获取市场信息的一种方法。观察法要求观察人员必须到现场去，根据自己的亲眼见闻来客观对市场情况进行总结，也可以借助现代化的影像设备对某一个时期的市场进行记录，保证所记录信息的真实性与客观性。

观察法的优点是被调查者往往是在不知不觉中被观察调查的，处于自然状态，因此所收集到的资料较为客观、可靠、生动、详细。但这种方法花费较大，并且只能观察到事实的发生，观察不到行为的内在因素，如感情、态度等，因此一般与面访调查等其他方法结合使用。

4．实验法

实验法是指旅游调查人员将调查对象置于特定的控制环境之中，采取变量和实验检验差异来发现变量之间的因果关系的一种调查方法。由于实验法是在较小的环境下进行实验，所以在管理上容易控制，所获取的资料也较为客观，一般适用于获取因果性调查数据。

5．网络调查法

网络调查法是指旅游调查人员利用互联网了解和掌握市场信息的方法。具体方式是旅游企业通过 web 方式附加调查问卷、给被调查者发送电子邮件等方式来获取被调查者的资料。这种新型的调查方法与传统方法相比，具有组织简单、费用低廉、调查结果客观性高、传播快速与直观、不受时空与地域限制、调查周期短等优点，但是，该方法调查对象仅局限于上网的人群，缺乏广泛性。

(五) 乡村旅游市场调查的程序

1．调查准备阶段

在整个旅游市场调查的准备阶段最主要的任务是确定市场调查的主要目的、调查工作的基本要求、调查活动的范围以及调查力量的组织能力问题。在这些问题得到解决后，根据市场状况与调查部门的实际情况确定可行性的调查方案。

在调查准备阶段，工作的步骤具体如下：

(1) 确定需要调查的目的。

在进行调查之前调查者要对自己进行调查的目的和需要解决的问题予以确认，需要注意的是调查目的要符合当前的市场状况，需要解决的问题应该充分考虑市场与实践情况。

(2) 分析有关问题的情况。

分析有关问题的情况主要是对调查本身的合理性以及可行性进行确认，目的是保证调查目标能够顺利的实现。在分析问题时要对具体的施行方案以及调查方法进行确定，根据调查状况以及市场状况选择经济性高，使用范围较强的调查方式。

(3) 制订调查方案和工作计划。

调查方案是对调查实践的蓝本，所有的调查行为都是根据调查方案实施的，因此要对调查方案进行全面的分析，并以此为基础制订合理的行动计划，对需要解决的问题、可能面对的问题以及需要的预算进行详细的说明，并对这些问题进行解决，只有这样才能保证调查方案的实现。

2．**调查实施阶段**

在调查实施阶段，调查人员开始根据调查方案有秩序地对各个计划进行实施，随着调查的深入各种数据开始被搜集上来，这时一定要按照调查方案的引导保证信息搜集的有效性，并最大限度地保证信息的可靠性。

在调查实施阶段工作的具体步骤如下：

(1) 首先要建立调查部门，成立调查小组，并通过培训来对调查小组的人员进行调查培训，目的是保证他们的工作效率，提高他们工作精细程度，保证所搜集信息的有效性。

(2) 组织调查小组的调查人员通过各种途径搜集市场资料与情报。我们之前强调资料可以分一手资料(原始资料)以及二手资料(统计资料)，在调查的过程中，要根据调查的对象合理地选择所需的二手资料，保证调查工作的有效性。

(3) 在收集二手资料的过程中，也要对一手资料给予重视，不能只搜集二手资料，必须经过实地调查来保证一手资料在全部资料中的比例，促进其作用的发挥。

3．**分析和总结阶段**

调查资料的分析与总结阶段需要得出调查的结果。在这个阶段一定要注意工作的科学性，保证调查结果在应用上的有效性，如果工作过于草率或者工作方法不科学，会导致调查结果出现偏差，对企业的科学决策造成影响。分析与总结阶段作为整个调查的最后步骤，要给予其足够的重视，保证调查结果的有效性。

在分析与总结阶段的工作应该按照如下的步骤开展：

(1) 整理分析资料。

在调查中会获取大量的资料数据，这些数据没有进行加工与整理，是散乱的没有规律的零散资料，调查人员必须根据自己的调查目的对数据进行分组、分类，并通过纵向对比、横向对比得出其中的隐藏信息，揭示市场规律与现状。在对数据集归纳、计算、分析后要根据使用需求，编制相应的调查统计表格，以便展示调查结果。

(2) 编写调查报告。

编写调查报告是整个调查工作的最后一个环节，主要目的是对调查的过程以及成果进行说明，形成系统的调查程序。旅游市场调查报告是一种书面形式的报告，它包括文字、表格、图片等多种内容形式，能够让人们更加直观感受到调查的目的，对市场环境有一个准确的认识。

(3) 总结经验教训。

旅游市场调查报告不仅要对结果进行客观的记录与分析，还要根据当前的状况总结经验教训，提出可行性的改进方案，不仅为了今后调查工作的改善，也为了更能够更加准确地得出调查结果。

二、乡村市场分析

(一) 旅游市场的趋势及特征分析

1．散客旅游迅速崛起，团队比重大幅度下降

随着信息时代的到来，人们能够从网络获取各种信息，旅客对旅游活动的期待也因为这些信息影响出现了很大的不同。团队旅游服务项目相对固定，很多游客的个性化需求得不到满足，因此当前很多旅客出行不再依赖于旅游团体，散客旅游正在逐渐兴起。从旅游活动的发展层面来看，散客旅游的兴起说明旅游活动发展到了一个新的时期，旅游活动已经成为当前人们生活当中重要的精神需求，旅游活动与旅游市场的发展渐趋成熟。

2．主题旅游将迅速崛起

随着旅游者去过的地方越来越多，我国旅游市场已经迈过最初人们出于猎奇心理进行旅游活动的阶段，随着游客对旅游活动的追求以及对旅游产品的需求层

次的不断提升，旅游活动的文化体验正在成为旅游者新的追求，旅游市场的发展进入了新的阶段。

主题旅游作为世界旅游潮流中的一种时尚形式，与传统的旅游活动有很大的差别，具有丰富文化内涵的主题将旅游活动各个环节贯穿起来，使旅游更像是一次追寻文化，漫溯源头的心灵之旅。相信随着游客对旅游精神追求的日益提高，文化主题旅游将会迅速崛起，成为今后旅游市场发展的一个重要方向。

3. **“观光旅游一休闲度假旅游一体验旅游”的发展趋势**

体验旅游将是旅游业未来的发展方向。人们的旅游目的和旅游方式已逐渐由浅入深，由浅层次的观光游览向深度体验转变。人们越来越期望通过旅游活动来减轻由于现代生活和工作带来的与外部世界的隔绝感和孤独感，达到与外部世界的一种对话与交流。

4. **旅游者追求更多的参与性活动**

以往的以观光为主的旅游活动中，游客更多的是在“看”或者“听”，亲身参与的活动很少。现在，游客追求更多的参与性活动，这些活动可以是旅游目的地的参与性表演活动、节庆节事活动、农事采摘活动、现场的工艺品加工制作活动等。游客参与这些活动，大大提高了他们的旅游兴趣，对旅游目的地的文化也会有更深的了解和体验。

(二) 乡村旅游市场需求的影响因素分析

影响乡村旅游市场发展与繁荣的要素来自社会与个体的方方面面，比如个人的消费能力、消费意向、市场供给等，这里我们从各个要素的宏观分类入手对其进行分析：

1. **个人因素**

乡村旅游的消费群体从性别构成、年龄结构、职业分布以及生活方式等等方面存在较大的差异，这使得乡村旅游市场在需求上十分多样，对乡村旅游的提供者提出了较高的要求。男性在身体素质与体能储备上较女性消费者要更加充沛，因此在面对男性乡村旅游者时要注重探险类以及体力型旅游项目的开发，而女性消费者则更倾向于相对休闲的旅游项目，如田园风光体验，果实采摘等。

2. 经济因素

个人的收入水平是决定个体是否会进行旅游活动的关键要素，从经济学层面上来说，个人收入水平取决于两个要素，即社会经济的发展水平以及个人职业发展。此外，从经济学角度来说，影响个人消费意向与消费能力的因素还包括利率水平与通货膨胀的水平，因此为了保证旅游业能够更好的发展，国家必须通过宏观调控来保证社会经济的健康发展，保障社会个体的消费能力与消费水平，这不仅是促进乡村旅游发展的基础性保障，更是发展我国旅游业，促进我国经济结构转型的重要手段。

3. 社会文化因素

任何一种消费行为的产生与进行都是受到一定社会环境影响的结果。从人们行为的主观性角度来考虑，社会文化对人们行为的发生所造成的影响是最大的，因为社会文化直接决定着人们消费欲望的强烈程度。从乡村旅游的角度来说，社会文化对乡村旅游活动的影响也是多方面的，不同群体受到不同社会文化价值的影响，旅游活动的目的与价值享受也有所差别。年轻人对乡村旅游活动的乐趣所在是享受美好的田园风光，体验不一样的生活方式；老年人对乡村旅游活动的乐趣主要在享受农村生活，在舒适的生活环境中获得良好的养老体验。

4. 乡村旅游市场供给因素

乡村旅游市场的供给要素我们可以从四个方面来探讨，即乡村旅游资源、乡村旅游活动设施、乡村旅游项目设计以及乡村旅游服务供给。从这个四个要素出发我们可以对乡村旅游市场的供给质量进行提升，比如完善乡村旅游设施，提高乡村旅游活动的硬件质量，丰富乡村旅游项目，为游客提供更加完整的乡村旅游乐趣，改善农村服务质量，提高乡村旅游活动的消费体验，开发乡村旅游资源，增强乡村旅游活动的吸引力等。

(三) 乡村旅游市场消费者的行为特征分析

乡村旅游消费者离开都市来到乡村，常常会因摆脱日常生活的紧张和繁忙而有一种放松感，在心理和行为上具有不同寻常的表现和特征。

1. 乡村旅游消费者的一般心理特征

(1) 猎奇心理。

几乎所有的旅游消费者都是怀着一种探索外部世界的好奇心而出游的。乡村秀丽的田园风光，与城市截然不同的悠闲、自在的生活方式和安静祥和的生活氛围，是旅游者参加乡村旅游的主要动机。

(2) 求全心理。

从本质上说，乡村旅游是一种综合性的审美活动。当乡村旅游消费者决定以一定的时间和金钱去换取旅游感受时都有一种美好的想象和期盼。他们期盼行得方便、住得舒适、吃得实惠、玩得痛快，整个旅途一切顺利。

(3) 安全心理。

乡村旅游消费者都希望在整个乡村旅游过程中能保证人身、财产的安全。当旅游安全受到威胁时乡村旅游消费者可能会突然改变行程，甚至放弃尚未完成的旅游活动，严重者会导致以后不再参加乡村旅游活动。

(4) 放任心理。

乡村旅游消费者来到乡村，寻求的是身心的放松和愉悦，他们的消费行为有较大的随意性和懒散性，有的很少顾及因自己行为的闪失而影响声誉和前途，也不会严格遵守常规生活的角色规范。

2. 不同乡村旅游消费者的行为特征

从乡村旅游消费者的性别特征上来看，由于生理差异的存在，女性与男性消费者在视觉、听觉及触觉等方面有差异，农村乡村旅游针对消费者的刺激因素也必须做出相应的差异性反应。女性在消费上更加感性，她们容易被旅游活动的形式以及体验等因素吸引，容易受到广告的影响；男性在消费上更加理性，他们更多的会考虑旅游活动的性价比，即自己的消费能不能达到足够好的旅游体验。此外，由于男女身体素质的差异，在旅游项目的选择上也会有所差异。

从乡村旅游消费者的年龄上看，青年旅游消费者对于旅游形式时尚感、刺激感以及冒险程度的追求更加强烈，相比经济要素他们更加注重旅游活动带来的不一样的体验；中老年消费者由于年龄相对较大，选择与决策时相对谨慎，他们对旅游活动的整体体验要求较高，比如旅游的住宿条件、餐饮条件，以及旅游活动景点的文化体验等，他们更加青睐于在舒适的旅游活动中休闲、放松的机会。此外，对于老年旅游者来说，他们对旅游活动的安全性以及服务的周到程度更加重视，因此在面对不同年龄层面的消费者时要采取不同的营销策略。

从乡村旅游消费者的社会层次上来看，不同层次的消费者对乡村旅游的要求也有很大的差别。一般来说，受教育程度较高的旅游消费者，对于精神层面的追求欲望更加强烈，他们对于新鲜事物更加容易接受，并且能够从中获得独特的精神体验，这些知识层次的消费者对于旅游活动的追求更加注重其内涵，而不是光鲜的形式与刺激的体验。对于受教育层次较低的消费者，他们更加注重旅游活动带来的直接体验，比如有些消费者喜欢奢侈型的旅游活动，他们对于旅游活动直接体验有很高的要求。

(四) 乡村旅游市场消费者消费决策分析

旅游消费者进行旅游消费的决策实际上是他们旅游计划开始实施的第一步。在旅游活动中旅游者的消费决策呈现出各种不同的倾向。在旅行者进行旅游消费决策的过程中，需要面临和解决的问题主要有以下几个：

首先，决策者面对一个问题或亟待解决的冲突情景，如买或不买某种乡村旅游产品，享受或不享受某种服务等；

其次，决策者都想获得乡村旅游消费后的满足感；

再次，决策者均有若干可供选择的实施方案；

最后，决策者面临某种不确定性，具体表现为缺乏有关乡村旅游的实施方案和备选产品的信息。

乡村旅游消费者在做出决策时面临的问题，我们从理论层面对其进行总结可以得出以下几个要点：

一是Why。“Why”在英文中的意思是为什么，也就是说旅游者在旅游决策时面临的第一个问题是为什么进行旅游消费，这一点是由消费者的个人意向与经历决定的，原因各不相同。

二是What，“What”在英文中的意思是什么，也就是说旅游者在旅游决策时面临的第二个问题是旅游消费的内容是什么，这一点由乡村旅游的内容、品牌、价格等不同的因素决定，即消费什么。决定消费什么是乡村旅游消费决策的核心，具体内容包括乡村旅游产品的类型、品牌、新颖度、等级、规格和价格等。

三是How Many，“How Many”在英文中的意思是多少，也就是说旅游者在旅游决策时面临的第三个问题是旅游的经济性，这一点是由消费者的个人消费能力所决定，乡村旅游的提供者应该尽可能提供性价比高的旅游项目。

四是Where，“Where”在英文中的意思是哪里，也就是说旅游者在旅游决策时面临的第四个问题是旅游的地点问题，这一点与旅游活动提供者的旅游项目有很大的关系。

五是When，“When”在英文中的意思是时间，也就是说旅游者在旅游决策时面临的第五个问题是旅游的时间问题，现代都市生活紧张忙碌，乡村旅游一定要保证旅游时间的设置与城市生活节奏相一致。

六是How，“How”在英文中的意思是怎样，也就是说旅游者在旅游决策时面临的第六个问题是旅游方式的问题，旅游活动的经营者应该尽可能方便的为消费者提供旅游服务，如一站式的预定、交通工具、住宿、餐饮等能够满足顾客旅游方式的服务。

通常情况下，我们可以将乡村旅游消费决策过程进行通用性的阶段划分，这里我们对其进行分析与介绍。

1. 问题认识

乡村旅游消费者在决定是否进行旅游计划，是否去乡村地区进行旅游活动的一个步骤是对乡村旅游问题进行认识和了解，这种认识需要旅游的提供者提供足够的信息来阐述乡村旅游的乐趣，从而激发他们到乡村旅游的欲望，促使决策的最终形成。在这个过程中游客主要是对农村旅游活动进行了解与对比的过程。

2．信息调查

在消费者做出乡村旅游的决策之后，会都对相关的信息进行筛选，对具体的旅游地点、旅游方式、旅游项目进行确定。乡村旅游消费者获取信息的途径主要有两个，一个是已经体验过乡村旅游活动的游客的经验与旅游体验，另一个是旅游活动组织者进行的广告营销以及发布的旅游信息。在这两种途径中，第一种途径对旅游消费者的影响是最大的，游客的口碑是旅游项目市场形象的最生动诠释。除了这两种途径之外，消费者还可以从新闻媒体等传播媒介中了解到旅游项目及其信息，帮助自己做出最终的旅游计划。

3．评价筛选

收集信息后，乡村旅游的消费者需要对这些信息进行筛选、评价与选择，最终目的是根据自己的需求，合理地选择旅游项目。这个过程一般会与信息的获取同步进行，虽然二者在时间上具有一致性，但从旅游决策活动的分段来看，它们仍然属于不同的决策阶段。

第二节　乡村旅游市场的现状

一、旅游市场总体状况分析

旅游市场的分类与旅游活动的特性有着密切的关系，一般来说我们根据旅游活动的特点将旅游市场分为两种，第一种是国内旅游，第二种是出国旅游。在这两种旅游活动中旅游的目的地成为了划分旅游市场的标准，国内旅游与出国旅游从经济学角度来说，是社会经济发展水平的象征，只有经济水平达到一定的标准之后，这些旅游活动才会大量出现。根据旅游发达国家的通常水平，国内旅游经济总量是国际旅游的 7～8 倍，而我国国内旅游的经济总量是国际旅游的 2.3 倍。这反映了国内旅游市场是以中低档消费为主、高端消费为辅的市场结构特征，也从侧面显示了国内旅游市场发展潜力巨大，前景十分乐观。

二、国际乡村旅游市场分析

(一)“乡村旅游”已发展为当前主要的旅游方式之一

以法国为例，1998 年，2/3 的法国人选择了国内度假，其中 33%的城市居民选择了乡村度假，仅次于海滨度假的比例(44%)。据法国小旅店联合会统计，近 7 年来在度假中一直采用乡村度假方式的度假者占 44%，主要采用这种度假方式的度假者占 72%，更有 15%的度假者每年都住在同一地方。

(二) 高文化程度、高经济收入的中产阶级是最稳定的主体客源市场

近几年，法国乡村每年接待的 200 万(其中 1/4 是外国游客)国内外游客中，50%是中高级雇员或自由职业者，这些游客非常稳定。

(三)乡村旅游是一种较高层次的旅游行为

随着工业化的不断推进，人类的生活方式与自然越来越远，长期生活在钢筋水泥构建的城市当中，使得人们处于一种焦虑与紧张的状态之中。在越来越追求生活质量的今天，与自然的疏离使得人们对农村生活的向往程度越来越高，在美丽的自然环境中感受生活的乐趣与自然界的神奇是城市人的追求之一。在农村旅游当中人们可以摆脱紧张的生活，在休闲的田园生活当中放松自己的身心，使自己疲劳的身体与精神放松下来，这种高层次的追求是乡村旅游能够得以发展的重

要原因之一。

(四) 新趋势：乡村旅游与生态旅游、文化旅游相结合

在波兰，乡村旅游与生态环境的关联十分紧密，从内容上看其乡村旅游活动与其他国家的乡村旅游活动并无太大差异，但从乡村旅游的提供者来说，波兰乡村旅游的接待者都是专业的生态农业户，所有的旅游活动都在生态农业产业园区进行，具有很深的生态农业烙印。匈牙利也是乡村旅游开展十分成功的国家，其特色是将乡村田园风光与文化主题结合起来，通过优美的风景，古老的遗迹与古堡，来渲染神秘、浪漫的乡村文化。东欧地区一直是高质量的乡村旅游活动的提供者，随着人们对乡村旅游重视程度的不断加强，这两个国家的经营模式被世界各地所借鉴。

三、国内乡村旅游市场分析

(一) 国内乡村旅游现状

根据我国统计局发布的关于旅游市场的调查与统计可以将我国的乡村旅游的特点进行如下总结：

(1) 乡村旅游的游客客源主要来自城市地区。游客以城市居民为主。

(2) 从国内游客的旅游目的来看，缓解城市生活与工作的压力是他们参与乡村旅游的主要追求。

(3) 游客参与乡村旅游活动类型多为近地旅游，其中城郊的休闲生态农业是主要的旅游项目。

(4) 游客参与乡村旅游的时间一般不超过三天，大多数为短期节假日出行。

(5) 从消费意向来看，大多数人认为乡村旅游最佳的价格区间在每人每天50～100元，物美价廉的乡村旅游也是游客青睐的重要原因。

(6) 由于游客的知识水平、个人追求有所差别，游客在乡村旅游中的旅游项

目各有不同。

总之，我国乡村旅游发展时间较短，大部分乡村旅游项目都是农民个体或者村集体开发的，在旅游活动的规范性上与旅游企业开发的旅游项目还有一定的差距。

(二) 乡村旅游市场的构成和特点

从我国目前的情况来看，乡村旅游市场主要分为以下几类：

1. **青少年乡村修学旅游市场**

青少年客源的最主要特点就是旅游活动的学习性，大多数情况下青少年参与乡村旅游都是在学校或者家长的组织下，到乡村体验生活，观察自然或者学习写生，目的是拓宽学生的视野，培养他们观察事物的能力以及吃苦耐劳的精神。在青少年市场的开发中，乡村旅游的规划者可以根据其需求，开展生态农业展览、农业生活体验以及采摘等形式不同的旅游项目，增强青少年乡村旅游市场开发的针对性。

2. **青年乡村旅游市场**

现代的年轻人受教育的程度普遍比较高，他们对事物的接受能力比较强，对新鲜事物充满好奇与探索的欲望，在社会价值观的引导下，他们倾向于环保、潮流的旅游方式。对于青年农村旅游市场，乡村旅游的规划者要注重旅游景观的设计，还要保证旅游服务的质量，并组织多样化的互动性强的旅游活动，来吸引当代的青年人到乡村旅游参观。

3. **中老年乡村旅游市场**

中老年人由于年龄的增长体力开始下降，在丰富的生活经历之后，他们更加怀念童年的质朴，因此针对这些消费者旅游规划者可以开发乡村寻根之旅乡村旅游活动专题。比如有些中年人在上山下乡期间对农村生活有着强烈的怀念，因此要围绕他们青年时期美好的回忆，通过设计乡村特色突出的旅游项目来满足他们的寻根情怀。中老年旅游者一般都具有相对较好的经济能力，他们对旅游活动的内涵较为关注，因此一定要抓住他们的需求进行针对性的规划设计。

4. **都市居民乡村旅游市场**

在城市居住的居民在紧张生活与工作中，对于农村地区宁静、安逸的生活有着很强烈的体验欲望。乡村特色与休闲的生活方式是吸引城市居民的重要要素，在乡村旅游规划的过程中要对农村的硬件设施进行规划建设，将代表性强的农村意象融入到景区的建设当中。此外，要大力发展农家乐，方便游客的生活起居，让他们在舒适的居住、餐饮环境中悉心体验乡村旅游的乐趣。

5．城市文化者乡村旅游市场

对于城市中文化水平和受教育程度较高的都市知识阶层，他们的主要旅游动机是体验城乡文化差异。他们更愿意选择对村寨历史地理的未知探索、乡村独特风土人情、土特产品的旅游产品，体验自己不熟悉的乡村生活以达到心理享受。其中包括现代农村观光、科技农业考察、古村落民居体验等具有文化内涵和人文精神的乡村旅游产品。

6．乡村度假旅游市场

乡村度假旅游产品的目标客源市场的主要目标群体，要瞄准城市知识分子、高收入家庭，因为他们具有充分的经济能力，也有体验乡村美好生活的精神享受需求。山水之乐、山野运动、乡村环境、农业体验、度假疗养都是乡村旅游规划与开发的方向，对于高收入人群要充分保证乡村旅游的硬件质量与服务质量，保证旅游活动的品质。

第三节　乡村旅游市场促销策略及创新

一、乡村旅游市场促销活动的内涵解析

(一) 农村旅游市场促销活动理解的全面性分析

乡村旅游管理者要正确认识市场促销，走出一些观念误区。一是“促销无

用，自然增长”。这几年国内旅游市场需求旺盛，尤其是黄金周期间，再普通的乡村旅游点都游客盈门，以至于有人认为促销既费钱又无用，不促销也能保证游客量逐步增长。二是“过于自信，等客上门”。不少乡镇村旅游企业负责人盲目乐观，有的认为知名度已经足够，可以坐地收钱，有的认为自己这么好的地方不愁没人来。三是“期望过高、立竿见影”。以为只要一促销客源就会上升，对促销效果要滞后于促销活动一段时间的规律认识不足。对促销除了带来客源增长外，有时更多地体现在形象提升、品牌塑造等长远潜在回报上缺乏认识。四是“四面开花，缺乏计划”。乡村旅游营销是一门学问，从调研分析、确定目标、制订计划、实施执行，每一个环节都需要认真对待，马虎不得，有的企业很重视营销并制订了“宏伟”却不切实际的促销计划，不区分目标市场全面出击，打一枪换个地方，往往收效不佳。应当集中力量瞄准重点市场，连续不断地进行巩固性宣传。

现实中还有两种倾向，一是过于轻视；二是过于畏难。有的人认为营销工作很简单，根本不用做市场调研，无非是印印册页、做做广告、发发传单。其实，同一个宣传册、同一个活动，如何做、怎么做，各有不同，效果也大不相同；还有的人认为营销活动很难，要委托专家，实际上如果经营者对营销活动有着一定的概念，善于借鉴类似经验，就可以做出有效的营销活动。对于乡村旅游经营者和管理者而言，既要善于借力于专家智慧，自身也要掌握一些营销策略和方法，这样做既省钱又有效。

(二) 农村旅游市场促销活动的必要性分析

调查显示，我国很多乡村旅游经营者过于迷信“回头客”和口碑传播，最多也就是采用发传单和名片的简单宣传手段，发送范围局限在人际交流的范围。在如今竞争激烈的市场环境中，这样的做法对于长远的发展很不利。乡村旅游点知名度原本就不高，吸引客源就得靠加大宣传力度，越愿意走出去，资料信息才会越多地出现在市场上，游客也就越容易知道这个旅游点，景点才越有机会把游客吸引进来，这是一个符合市场规律的良性循环。否则即使旅游产品再好，没有游客光顾则注定会失败。乡村旅游营销的主要目的就是激发旅游欲望，每一次促销活动就是一次市场曝光，唯有把握每一个曝光机会，让更多的人知道，进而愿意来旅游，才可能拓宽客源、增加收入。

(三) 农村旅游市场促销活动的协作性分析

我国目前乡村旅游产品的推广相当薄弱，这项工作如果单靠农民一家一户去推广，能力、实力和渠道都不够。必须要靠各方共同协作，培育、开拓市场，扩大知名度。如合肥市乡村旅游营销在策略上就提出“政府引导，舆论造势，企业实施，农户合作”。

对于政府和协会来说，要责无旁贷地做好牵头组织工作。近年来，杭州、成都等地发展乡村旅游的实践证明：乡村旅游营销工作离不开政府必要的支持和引导，通过政府主导营销的方式，解决乡村旅游小规模经营的瓶颈问题。在开展乡村旅游营销过程中，旅游局、县、乡镇政府、政府指导下的行业协会的主要作用包括：通过旅游调查和评估，找到本地乡村旅游的特色及核心吸引力；综合评估乡村旅游的目标市场，围绕主要市场的需求，结合本地资源规划、设计和开发乡村旅游的辅助产品，使乡村旅游的内容逐步丰富完善；挖掘、整理和保护当地独特的乡村文化民俗资源，组织开展有当地特色的旅游节事活动，塑造旅游地独特的文化形象；调动农民、村委会等各方面宣传的积极性；推动成立地区性的乡村旅游行业协会，促使乡村旅游经营者开展联合营销等互惠互利的活动，组织经营户统一参加旅游交易会、展销会等促销活动；帮助组建乡村旅游的营销和服务网络，创立专题网站，为旅游者提供全面的农村旅游信息；科学指导营销工作，主动对农户进行营销培训辅导，包括如何制作宣传品、如何组织农事体验活动等；教育农户自觉维护乡村旅游品牌；开展区域联动营销，在政府推动下实现产品互动、信息分享、形象共塑，联合开发区域间农村旅游产品，搭配组合旅游线路，整合相近区域内的农村旅游资源，进一步丰富区域农村旅游形象，努力满足旅游者的消费需求。

对于乡村旅游经营者来说，也要积极主动地开展营销。越是中小型经营者越要联合起来开展宣传推广工作，这样才能合指成拳、攻占市场，吸引更多游客。具有一定规模的乡村旅游企业要设立专门的营销部门，聘用市场营销人员，制定营销规划。要积极配合参与由政府和协会组织的“请进来、走出去”促销活动，形成多企业合作的规模效应，才能最大限度地保证促销的效果。

二、商品促销的策略及主要方法

(一) 商品促销的策略

1. 品牌策略

乡村旅游产品的根本目的是满足游客的需要，给游客提供一定的利益，换言之，是通过产品为游客提供一定的价值。企业要决策的最重要的产品价值策略就是如何树立产品形象，也就是通常意义的“品牌”。品牌是指能为顾客提供其认为值得购买的功能利益及附加价值的产品，是在游客与产品之间经过反复的有效沟通而建立的游客价值认知。是一个特殊的名称，具有特殊的形象，它使游客感受到了某种产品及其价值的独特之处。

游客购买旅游产品时对其品牌表现出阶段性的特征。在购前阶段，具有计划性，产品信息占主导地位，在此基础上还要努力获得非计划信息的证实，从而对某品牌有了初步印象；在购中阶段，顾客通过在服务现场感受到一系列服务信息，并将其与购前所获信息进行对比，如果这一系统运行良好，将增强他们对该品牌的良好印象，反之，将给其带来虚假的印象；在购后阶段，游客会对品牌的感知结果进行评价，并通过“口碑”“网络聊天”等方式传播，从而形成其他影响潜在旅游者的非计划性传播信息。那么品牌营销的要点是销售者向购买者长期提供的一组特定的特点、利益和服务。同时企业形象与品牌形象有着千丝万缕的联系，对于乡村旅游企业或乡村旅游目的地来说，提高和确立良好的品牌形象是对其整体形象的保障。

乡村旅游的精髓是自然生态与传统文化的完美结合。目前我国乡村旅游产品过于倚重田园观光和农事活动参与，缺乏对文化层面的挖掘。可通过对乡村观光、会议度假、乡村体验、渔家休闲、民风民俗、节事庆典等旅游产品的开发拓展产品组合宽度，通过生态旅游和民俗文化旅游的紧密结合进行产品创新，增加产品组合的深度。可通过三种具体策略进行乡村旅游的品牌营销：创意性策划节事活动，引爆宣传；开展借势营销，提升口碑；创新时令营销，突出乡村。

2．价格策略

在商业性乡村旅游活动的营销管理中，价格扮演着重要而复杂的角色。

首先，价格是利润的直接决定因素，能在基本不改变成本的情况下直接创造收入。价格代表了愿意购买产品的游客和希望卖出产品的生产者之间进行资源交换的交易条件。通过相互认可的交换条件，以及通过对用于出售的竞争产品进行选择，游客试图使自己对利益的感知和货币价值最大化。乡村旅游经营者则努力要达到目标销售量、获取目标销售收入和市场占有率，并使投资收益最大化。

其次，价格能够迅速反映市场需求和竞争的变化，决策者可通过灵活的调整价格对需求和竞争产生影响。

最后，价格对于营销人员的意义还表现在，价格能够调整供需以实现企业的财务目标，它是吸引游客注意力和增加销售量的强有力因素。借助价格，可以确立产品和服务的市场形象，有助于创造顾客忠诚。

因此，价格应当被营销人员建立在一个完整的决策制定过程的基础之上，用以传播整个产品的价值，且价格所传递的价值应与市场的感知价值一致。要价太高会把游客撵走，而索价过低又会使乡村旅游经营者不能获得足够维持业务运营所需要的收入。比如设备老化、地毯污渍斑斑、油漆脱落，如果没有足够的收入，这些都没有办法解决，从而降低游客对产品的感知质量。在乡村旅游市场营销中，口头传播的作用是非常明显的，游客的这些不满可能会使旅游企业在市场中陷入困境。因此乡村旅游产品的价格制定是十分重要的。

3．分销渠道策略

乡村旅游产品与服务在整个销售过程中，可能要通过不同的途径之后才最终到达乡村旅游者那里。这个过程是乡村旅游分销渠道所研究的内容。所谓乡村旅游分销渠道，是指乡村旅游经营者为了向旅游者提供方便的购买或进入路径而在企业生产和消费场所之外所开发或使用的组织和服务系统。乡村旅游分销渠道执行的任务是将乡村旅游产品从生产者转移到消费者，它弥合了产品和服务与其使用者之间的时间、地点和持有权缺口。

分销渠道对乡村旅游经营者的意义可以概括为以下几个方面：

(1) 重要的信息反馈渠道。

利用分销商销售乡村旅游产品，乡村旅游经营者将不需要直接与消费者接触。在这种情况下，了解旅游者需求变化的使命就落在中间商身上。他们要善于捕捉市场需求信息，并及时反馈给乡村旅游经营者。

(2) 促销伙伴。

乡村旅游的分销渠道不仅承担乡村旅游产品的销售，同时由于利益相互关联，他们也会积极投入各种促销宣传，并说服旅游者购买该乡村旅游产品。各分销机构在进行促销时，可以充分利用其网络优势，这是不用分销渠道的销售策略无可比拟的优点。

(3) 旅游产品与服务的重新组合。

各类旅游产品之间实际上是互补的关系，一般情况下，乡村旅游经营者是独立组织其产品的销售，不与其他乡村旅游业产品(如交通、餐饮等)发生非常紧密的关系。分销渠道能够把不同业态的乡村旅游产品组合在一起进行销售，极大地方便了消费者，还可能降低成本，从而增强竞争力。

(4) 分散风险。

当利用分销渠道进行销售时，意味着旅游产品的所有权提前转移，意味着乡村旅游经营者与分销渠道之间建立了相互连带的损益关系。

(5) 更有效地接近顾客。

由分销渠道所构成的销售网络、分销渠道本身的专业化服务、一些现代分销渠道所凭借的分销媒体(如互联网)以及分销渠道的独特市场形象，都使乡村旅游经营者在利用它们推介产品时变得更加有效率，效果也得到改善，在某种意义上降低了整体营销成本。

4. **沟通策略**

乡村旅游业发展到今天，不仅需要开发优良的乡村旅游产品，向旅游者提供更加满意的服务，给予有吸引力的定价，乡村旅游产品生产者或提供商还必须与现行和潜在的乡村旅游者、旅游中间商和其他利益相关者和公众进行深入的沟通。每个旅游企业都不可避免地担当起传播者和促销者的角色。乡村旅游者对这些所有要素的感知、认同和满意，都是建立在乡村旅游经营者与旅游者之间从交易前期、中期、后期不断沟通的基础上，离开了沟通，营销不可能取得成功。

一般来说，促销是企业在市场开发中常用的一种手段，目的是通过优惠政策或者让利来将自己的产品或者服务推荐给消费者，并取得他们的认可，促成交易的过程。在乡村旅游活动的过程中，促销主要是指通过广告对乡村旅游产品进行优惠营销。乡村旅游活动的组织者通过媒体将乡村旅游产品和服务推荐给消费者，使其更好地了解旅游项目，激发他们的消费需求，最终达到扩大销售的目的。

(二) 商品促销的主要方法

1. **旅游广告**

广告是一种高度大众化的信息传播方式。它是一种在某一特定时期与空间范围内通过刺激和鼓励交易双方，并促使消费者尽快购买或大量购买产品而采取的一系列促销措施和手段。其优点是辐射面广，信息传播速度快；可多次重复宣传，提高产品的知名度；形式多样，艺术表现力强，形象生动。其缺点是传递信息量有限，信息停留时间短，只能与消费者进行单向信息传递，效果不能立即体现，某些媒体投入较高。

旅游广告有以下几种形式：

(1) 报纸旅游广告。

旅游广告信息可直达旅游消费者，可信度强，覆盖面广，可保留，重复，读者面广，但传递速度慢。

(2) 杂志旅游广告。

分类较细，旅游消费者目标群体明确，目标指向旅游广告受众准确，轮流阅读率高。

(3) 互联网旅游广告。

传递速度快，覆盖面广，通俗易懂，但声音刺激时间短，一般不保留。

(4) 电视旅游广告。

兼有视觉和听觉旅游广告的特点，是目前最理想的旅游广告媒体，但费用高。

(5) 直接邮寄旅游广告。

通过邮局发布的旅游广告，特点是直接传达旅游广告信息，信息量大，旅游消费者阅读可能性大(与报纸，杂志比较)，有亲切感。

(6) 售点旅游广告。

指在旅游企业店内、店外的旅游广告形式。如包装展销会、柜台式、悬挂式、实物组合式、旗帜旅游广告等。

(7) 展览、赛场旅游广告。

在展览会、比赛场地发布旅游广告的形式，是使旅游消费者在一边观展和观赛的同时接受旅游广告信息的传达方式。

(8) 户外旅游广告。

在户外树立的商品形象、文字、图形等旅游广告形式，使旅游消费者在运动中获得旅游广告信息。

(9) 交通工具旅游广告。

以车、船、机身、路牌和墙壁(铁路沿线)等为载体的广告形式。

2．市场公关

公共关系是通过大众传播媒介来改善并提高企业在公众心目中的形象，宣传企业及其产品的实践活动。市场公关实质上就是针对旅游市场的公共关系展开的一系列的措施，其优点是借助于第三者传递信息，可信度较高；容易赢得公众信任；信息传递方式多样，影响力大，有利于建立乡村旅游形象。缺点是不能直接达到销售效果；活动设计有难度，组织工作量较大。乡村旅游在公众中建立起知名度和美誉度，必然增加旅游产品的销量。

旅游公关的目标和功能是通过有计划、具体的公共关系活动实现的。与其他旅游促销手段相比，公共关系一般难以起到立竿见影的效果，它往往立足于企业的长远目标，通过长期的努力树立和维护企业的良好形象。旅游企业公关活动主要有以下几种：

(1) 企业调研活动。

旅游企业通过民意调查、消费者调查、传媒监测等多种方式收集企业内外环境变化的信息，以了解公众对企业及其产品、服务的态度、意见和建议，了解竞争者的动向及其可能给企业造成的影响。公共关系调研有助于企业及时掌握竞争者、环境变化及公众的态度和要求，通过不断的努力保持企业与公众之间良好的沟通关系。

(2) 公共关系专题活动。

旅游企业可以通过举办或参加相关公共关系专题活动，传递企业的信息，加强与有关公众的沟通和情感联络。常见的公共关系专题活动包括新闻发布会、记者招待会、企业庆典活动、赞助活动与展览会等。

(3) 新闻媒体的宣传报道。

旅游企业公共关系人员的主要任务之一，就是发掘或创造对企业或其产品有利的新闻，并及时利用新闻媒体宣传出去。企业公共关系人员应善于编写新闻稿件，善于构思出故事的概念，以争取媒体的采用。新闻宣传可信度高，传播范围广，有利于树立和维护企业的良好形象。

(4) 散发旅游宣传资料。

旅游企业的宣传资料以介绍企业发展的成绩，企业新开发的旅游资源及其特点，旅游消费者对企业的评价等为主要内容，它采用图文并茂的形式更能吸引消费者，引起消费者对企业的关注与兴趣。旅游宣传资料主要有企业刊物、小册子、图片、画片、传单、报纸。

(5) 策划新闻事件。

旅游企业的公共关系人员的一个主要职责是捕捉有利时机，利用或策划有可能提高企业知名度与美誉度的新闻事件，经过富有创意的设计和渲染，引起社会公众的广泛关注；特别要吸引新闻媒体的注意，并方便宣传报道，如举办研讨会、公益赞助、各种比赛活动、文化活动等。

3．营业推广

营业推广是指企业在某个经营周期特定时间内，通过营销手段来刺激消费者消费欲望，来达到促进交易，扩大市场销售目的的一种经营销售活动。营业推广的优点主要包括：第一，刺激效果强，能够促使消费者迅速形成消费意向，从而达成促进销售的目的；第二，能够改变消费者的消费习惯，在短期内形成明显的营销效果。当然在进行营业推广的过程中我们也不能忽视其缺点，营业推广由于效果过程相对较短，游客很难形成长期的消费欲望，是一种长期收益较低的营销方式。

营业推广有以下几种方式：

(1) 赠送折价券。

持有折价券的旅游者在购买本企业产品或在定点门市购买旅游产品时享受折扣优惠，有利于刺激旅游消费者购买产品。

(2) 赠送物品。

向旅游者免费赠送能体现旅游目的地、旅游企业的民俗、文化等特点的风情画册、特产、纪念品等物品，有利于增强旅游者对旅游目的地和旅游企业的情感，使旅游产品更具吸引力，促使旅游者认购。

(3) 产品展销会。

展销会集产品展示与销售活动于一体，开展旅游产品展销，可以集中旅游消费者的注意力和购买力。在展销期间，质量精良、价格优惠、服务周到的旅游产品往往备受青睐，参展是难得的营销推广机会和有效的促销方式。

(4) 设立俱乐部。

旅游企业针对不同类型的旅游者设立相应的俱乐部，如探险游俱乐部，提供一定的对旅游者有吸引力的利益，有利于促使他们多购买本企业的产品。

(5) 资助。

旅游企业为中间商免费提供用于陈列和展示的广告招贴画、小册子、DVD光碟等宣传资料，对为本企业旅游产品做广告的中间商资助部分广告费用。

(5) 给予推广奖励。

旅游企业为促使中间商多经销本企业产品并帮助企业推广新产品，对经销本企业产品有突出成绩的中间商给予奖励。这能刺激经销业绩突出者加倍努力，也有利于调动其他中间商的积极性，促进产品销售。

4. 人员推销

旅游人员进行推销是指旅游活动的经营管理者利用销售人员进行产品销售的一种营销方式。人员推销的特点我们可以进行如下总结：

第一，针对性强。营销人员一般具有专业的营销知识，在旅游产品与旅游项目的销售过程当中，能够针对旅游者的消费欲望与消费需求，进行针对性的旅游产品推荐，旅游服务提供，提高旅游活动的体验性。

第二，灵活性强。在人员推销的过程中销售人员与客户直接接触，能够第一时间了解他们的旅游需求与消费心理，能够及时反馈给决策部门，对旅游活动进行调整，从而更加灵活地为游客提供旅游服务。

第三，具有公共关系的作用。旅游产品的销售人员在推销产品的过程中，实际上就是与消费者进行沟通与互动的过程，在这个过程中销售人员可以解决游客很多的顾虑与麻烦，这也是企业市场公关提高产品市场认可度的一个过程。

三、商品促销策略的创新

(一) “精确制导”

精确制导又称精准营销，是指通过精准的广告宣传针对性地对有需求的用户提供宣传。精准营销是随着互联网与大数据技术的发展新兴的一种营销策略，具体来说就是通过网络与大数据对用户的旅游兴趣进行分析，然后将广告精准地提供到用户的信息接收渠道之中，这种营销手段能够大大提升营销活动的效率，提高营销的效果。

精准营销要求乡村旅游企业营销人员仔细分析目标群体的特征，采用相应的营销手段。例如，杭州南湖花城休闲农庄定位高端市场，采用乡村俱乐部会员制度，以社会白领精英人士为主要客户群，只有成为会员才能参加农庄各项休闲活动，以预约方式控制接待人数，既保护了生态资源，又体现了会员的尊贵和独享。这类企业的营销手段宜采用人员推销、电话推销、软文杂志宣传和“窄告”营销。

(二)“以小博大”

如何才能以最小成本的付出获得相对最大的宣传效果呢?这是乡村旅游营销工作者最为关注的一个问题。回答很简单——“关键在于创意”。乡村旅游业刚刚起步，规模小、实力弱，营销经费普遍不足，因此，应善于运用“注意力营销”这一新手段。

旅游注意力营销有三种做法：一是炒作新闻热点，这是捕捉注意力的有效捷径；二是举办节会活动，这是集中宣传造势的好方法；三是旅游广告营销，这是行之有效的传统手段。其中炒作新闻热点、制造新闻“由头”是“以小博大”的最好方法，是一个非常有效的营销手段。传媒界有一个“1/3 定律”，即软广告的宣传效果是硬广告的 3 倍以上。可以精心策划一些与乡村旅游地有关的热点事件、热点人物、新闻焦点、新奇概念，以吸引媒体眼球，继而引起消费者注意，提高知名度。主动出击类的方法包括聘请形象大使(如乌镇聘请影星刘若英代言)，申遗活动(如宏村、西递)，策划公众争论或关注焦点(如张家界策划的飞机穿越天门洞)，策划各类会议、论坛、活动(如博鳌论坛让一个无名小镇举世皆知；又如凤凰古城策划的“棋行大地，天下凤凰”世界围棋巅峰对决，吸引了湖南卫视、旅游卫视、贵州卫视、韩国围棋频道和新浪网等大批媒体同步向全球直播实况)。借题炒作类的方法包括巧打名人牌(如政治家、企业家、知名学者、艺术家、体育娱乐明星)，巧借他山势(如世博会、园博会、农博会、休博会)，巧跟社会热点(如北京小汤山温泉借助“非典”突发事件，因势推出“健康福地”旅游品牌，每年举办小汤山温泉文化节)等，这类“跳出旅游来营销旅游”的方法有时能收到奇效，因为事件本身就是新闻，是媒体追逐的热点，这样可以享受媒体大量的免费宣传。

媒体炒作是一把双刃剑，如果利用的不当不仅不会产生效果，还会产生负面影响，一般来说在进行炒作的过程中需要注意的关键之处主要有以下四个方面：

一是机遇意识，准确把握宣传时机；

二是媒体关系，最好有专人负责，引导其进行有益的报道；

三是媒体选择，应合理有效地选择媒体，并优化组合实现炒作效益最大化，乡村旅游客源市场一般在周边或近程，应以地区性、专业类媒体为重点；

四是控制节奏，对于媒体炒作应做到计划和目标成竹在胸，不同的阶段、步骤采取相对应的措施，尽可能多地掌握“游戏”的引导权，千万不能失控。

(三)“多样尝试”

乡村旅游在使用促销策略时手段往往比较单一，因此促销效果也往往不尽如人意。为了能达到预期的促销目标应当适时使用促销组合策略，多种促销方式并用，加大促销力度。例如，城市周边的乡村旅游活动以城市节假日为主要市场挖掘对象，因为游客的来源相对集中，可以在城市采用广告营销与营业推广两种营销手段。广告营销可以利用国道路牌、广场大屏幕、城市悬挂的广告牌等平面媒体进行推广，也可以利用网络、电视、广播等其他媒体进行广告宣传，目的是让游客充分了解旅游活动的时间、内容以及乐趣。营业推广，可以通过在城市设立门店举行活动来提高乡村旅游产品以及旅游项目的知名度，需要注意的是，利用门店进行营销主要是指与旅行社开展合作对产品进行专门的推广，并不是广泛的设置专门的门店，否则会造成成本的大量上升，降低旅游经营效益。

第四章　乡村旅游产品的开发与设计

第一节　乡村旅游产品及其科学定位

一、乡村旅游产品的界定

目前关于旅游产品的定义很多，学者在对其进行研究的过程中，从不同的角度出发，对旅游产品进行了不同的界定。

从总体上看，旅游产品实际上是一个具有复合性质的概念，从理论上看，旅游产品指的是，旅游者在经历一次旅游行程之后，所获得的整个经历。吴必虎(2001)认为，景观(吸引物)、设施和服务是构成旅游产品的三个主要要素，它们之间的不同组合分别构成了广、中、狭义的旅游产品。

夏林根在《乡村旅游概论》(2007)一书中也有相似的提法："对旅游目的地而言，旅游产品是指旅游经营者凭借旅游吸引物、交通和旅游设施，向旅游者提供的以满足其旅游活动需求的全部服务，而对旅游者而言，旅游产品是指旅游者花费一定的时间、费用和精力所换取的一段经历。作为一个整体概念，旅游产品的构成要素包括六个方面，即满足旅游者吃、住、行、游、购、娱等精神需求和物质需求的实物和服务。"

创造旅游产品的目的是要满足旅游者审美和愉悦的需求，因此将其开发出来用于销售，是物象与劳务的总和。谢彦君等人(1999)认为，只有旅游地才是最为核心和典型的旅游产品形式。从构成上看，旅游产品可以分为两类：其一是旅游产品核心，这是旅游产品最原始的状态，其主要功能和价值就是满足游客审美和愉悦的需求；其二是组合旅游产品，又被称为是整体旅游产品，这是旅游产品的最终形态，是旅游企业在旅游产品核心价值的基础之上，所追加和创造的多重价值，这样所创造出来的旅游产品，从功能和价值上来看，几乎可以满足旅游者在整个旅游期间的全部需求，无论是生理上的还是心理上的。

唐代剑、池静(2005)在《中国乡村旅游开发与管理》一书中也写道："旅游产品是为了直接向旅游者出售而开发的愉悦产品或劳务，它可以从旅游资源开发而获得，也完全可以在没有旅游资源的情况下创造出来。"

李天元(2001)从"需求与供给"两个方面提出了自己的认识，即所谓的总体旅游产品层次和单项旅游产品层次。"从需求角度看，总体旅游产品就是旅游者离家外出开始直至完成全程旅游活动并返回家中为止这一期间的全部旅行经历的总和。""从供给角度看，总体旅游产品是指旅游目的地为满足来访者的需要而提供的各种旅游活动接待条件和相关服务的总和。所谓的单项旅游产品就是指旅游企业所经营的设施和服务，或者说旅游企业借助一定的设施而向旅游者提供的项目服务。"

综上所述，研究者对旅游产品的定义表述是站在不同的立场上分别给出的，我们称之为过程体验说、资源产品说与媒介组织说。

过程体验说是从旅游者的角度来说，旅游产品就是指旅游者的一段游历与过程体验。

资源产品说是从旅游资源供给的角度来说，旅游产品就是指旅游目的地为了愉悦游客，根据旅游资源状况而创造的旅游服务设施或旅游服务项目。

媒介组织说是从旅游中介机构的角度来说，旅游产品就是指针对旅游客源市场需求，以满足旅游者吃、住、行、游、购、娱等要求而设计的旅游线路，它由旅游目的地、活动内容、后勤保障等要素构成。

二、旅游产品的市场定位分析

乡村旅游产品的主要销售对象是乡村旅游者，但不同的乡村旅游目的地其市场结构是有很大差别的。具体而言，首先需要知道的就是：到这里来旅游的都是些什么人(如性别、年龄、职业、收入等)、从哪里来(如城市还是乡村、周边地区还是远道而来、国内还是国外等)、来多少、为什么而来、怎么来的(如散客还是旅游团、自行车还是自驾车、火车还是公共汽车)等，进而分析旅游者的旅游购物需求特点是什么？旅游者对商品需求中有共性也有个性，他们对商品的品种、类型、特点、规模、包装、携带、体积、数量、重量等需求的总体取向如何?分析不同旅游群体消费喜好，对旅游商品的纪念、实用、收藏等功能的重视程度差异性，不同旅游者对商品的消费水平与支付能力、审美取向、文化欣赏能力的差异等因素。乡村旅游产品的设计开发与营销者要学会旅游产品市场需求的调查分析，这是获取市场需求特性的重要方法与手段，深入的旅游市场调查分析是实现乡村旅游产品设计开发成功的重要保证。

从总体上看，乡村旅游产品市场需求的主要品种是乡村的农副产品、土特产、传统工艺品、绿色食品、环保产品、手工制作类商品等，因此乡村在旅游产品开发上应该对这些方面的产品开发有所侧重。如乡村鲜活的水产品，需要短时间保鲜的水果、蔬菜、鲜花等旅游产品，其主要购买群体是附近城市的游客，如新疆就不能够将这类产品作为主要的旅游产品出售给远道而来的游客，只能将可以长距离携带、长时间保存的葡萄干、杏脯等商品向游客推荐，吐鲁番的葡萄虽然大又甜，但是对于远行的游客来说只能作为旅游的消耗品品尝，而不能够带走；一些地方特色浓郁的纪念品对外地游客销售市场会更大，而对于本地区游客销售可能会小一些，因为本地旅游者在文化传统上大致相同，需求量会少一些。如果只是价格合理、质量良好但不具有地方特色，不是本地生产或地方所独有的，不能够代表景区或旅游目的地特点，这种旅游产品的市场竞争力也会大打折扣。

好的产品还要有合适的价格才能够唤起旅游者的购买欲望，并最终成交。为此，一方面，需要考虑商品的价位，要在保证商品生产和销售效益前提下制定一个顾客可以接受的价格，有些旅游产品质量可能很好，旅游者也非常喜欢，但如果旅游者认为花这样的价钱购买不值，则会干扰旅游者的购买决策；另一方面，一般的游客在购买旅游产品时，对其购买能力而言有一个平均支付水平，如果旅游产品价格远远超过这个平均水平，旅游产品的销售市场将萎缩，即便旅游产品的品种丰富、质量上乘、性价比较高也可能导致产品销售产值和数量不会很高。

此外，要对不同需求的人群进行细分，如对高档次旅游产品需求人群的认识、对国外旅游者需求特征的分析、对特殊旅游产品需求人群的认识等，各按所需进行旅游产品的设计和开发生产。

可见只有细致而深入地把握乡村旅游市场定位，才能够有针对性地开发旅游产品，实现旅游产品的市场化目标。不成功的产品开发原因是多样的，但成功的乡村旅游产品开发必定是能够较为全面符合市场需求，找准自己在市场竞争中的有利位置。

三、当前旅游产品市场存在的问题

(一) 种类繁多，质量参差

对于乡村旅游产品来说，其实际上就是多种形式的经济和文化消费品，具有浓郁的乡村特色。乡村旅游地的文化、民俗和传统等，都会通过乡村旅游产品来表现出来。例如，对于北京郊区的乡村旅游来说，其所生产的乡村旅游产品主要可以分为两类，一类是特色农产品，另一类就是手工艺品。

对于特色农产品来说，其挑选的商品都具有浓厚的地域特色，并且具有较大的生产规模，有的甚至还开设了观光采摘项目，例如平谷桃、昌平苹果和草莓、大兴西瓜、门头沟薄皮核桃以及磨盘柿等。

北京郊区乡村旅游所生产的手工艺品，与特色农产品相比，种类要更加齐全和丰富，并且从形式上看也更加多样化。例如，中国结、麦秸画、石刻工艺品、桃木雕刻工艺品及挂件等手工艺品，同样具有浓厚的北京郊区地域特色。无论是从手工艺品的材质还是表现形式上来看，都是如此。但需要注意的是，古代传说、名人字画或著名建筑等，是这些手工艺品主要选取的题材，很少会以景区自身的建筑和丰富文化作为乡村旅游产品的题材。这同时也是未来北京郊区乡村旅游产品需要改进的地方。

当前乡村旅游发展正在处于逐年上升的趋势，所吸引的前来参观体验的游客也越来越多，与此形成鲜明对比的是，乡村旅游产品的市场开发工作却仍然处于较为原始的状态。出现这种情况的原因是，由于缺乏对市场的了解，也不能进行合理的规划，因此对于那些专门从事乡村旅游产品开发的农户来说，很难在乡村旅游产品开发上形成规模性的生产。因此，在乡村旅游中所出售的大多数的乡村旅游产品，实际上大多都来自于简单的家庭作坊，有的农户甚至不会对农产品进行任何形式的处理，直接将其放在市场中进行销售。在这种情况下，乡村旅游产品就会具有较小的附加值，并且由于没有进行深度开发，因此商品的卖相不佳，进而在游客进行选购的过程中，也不能引起游客的注意。还有的经营商贩，为了一己私利，将粗制滥造、过期、变质或是违禁商品拿到市场上进行贩卖，这对市场规则是严重的破坏，不仅危害了游客的身体健康，同时也降低了乡村旅游地在游客心中的美好形象。虽然在短时间内，这些不法商贩通过一定的手段能获得相应的收益，但是从长远上看，却是得不偿失的。

(二) 特色突出，品牌缺失

随着游客对旅游产品文化内涵要求的不断提高，在未来乡村旅游产品进行开发的过程中，必须要注重与乡土文化的结合，深入挖掘乡土文化的价值和意义。

对乡土文化的探寻，切身体验最为原始、纯朴的乡间生活，这几乎是所有游客选择乡间旅游的共同目的。从这里我们就可以看出，在对乡村旅游产品进行开发的过程中，必须要注重产品的“乡土性”特色，并在此基础上开发出品种更为多样化、具有更多附加值的乡村旅游产品。从当前乡村旅游所提供的相应产品上来看，大多数仍然是层次较低的产品，不具有浓厚的乡土特色。并且，村民在创造乡村旅游产品的过程中，对工业化和城市化的产品形式盲目进行引进，这对乡村旅游产品本身所带有的农耕文化和民俗文化产生了很大的冲击，使“乡土性”有较大程度的淡化。

未来在对乡村旅游产品进行开发的过程中，要对其进行更深层次的加工，提高产品的附加值，将浓郁的乡村内涵全面融入到乡村旅游产品之中。采用良好的生产工艺，能够将现代文明与农耕文化实现完美的融合，这是未来乡村旅游产品开发的总体思路，对于提高旅游地本身的旅游收入具有重要的作用。选择乡村旅游的游客，大多都是久居城市的居民，他们在繁忙的工业化生活中，期望与农业文明进行亲近，感受生活的惬意和乐趣，长途的跋涉不是为了看到工业文明的复制品。由此可见，想要赋予乡村旅游产品以旺盛的生命力，就必须要创造出富有“乡土性”的农村旅游产品。

从市场上的商品来看，高质量的商品通常都会有好的包装作为保护，对于乡村旅游产品来说，也不例外。在农村的商贸市场中，最常见的就是天然作物，在对其进行商业包装的过程中，如何充分体现其自身的特色就成为商户关心的重点问题。其中，最佳的方式，就是将文化融入到土特产品之中。在人们传统的观念中，通常认为包装只是商品的附加品，不具有真正的价值。但是，如果对产品的包装进行加工，让其本身就成为一种工艺品，那么在很大程度上，产品包装的价值就能够提升产品自身的价值。

现代商品社会，很多企业都会为自己的产品注册商标，这是整体搭建产品形象的一个重要组成部分，同时还可以对自有产品的品牌进行保护。在乡村旅游产品的生产和创造的过程中，存在的一个严重的问题，就是产品的生产者根本就没有品牌意识，在他们的思想观念中没有品牌的概念，因此在对乡村旅游产品进行生产的过程中，就不会注重对产品的品牌文化进行构建和挖掘，导致自身的产品形象不够高大。在很多的乡村旅游地，自身的旅游产品具有很好的市场潜力，但是却没有明确的产品标识。还有一些旅游产品，本身具有浓郁的乡土特色，并且生产者对产品的品牌文化也进行了深入的挖掘，但是却没有为其申请合法的注册商标。除此之外，一些乡村旅游产品自身具有原创新，并附有浓郁的当地特色，但是却没有引起对产品知识产权的保护，因此在市场中出现了很多仿冒和抄袭的现象，这对乡村旅游产品的形象造成了很大的损害。

(三) 资金不足，规划模糊

在很多山村和乡村中，虽然拥有丰富的旅游资源，但是自身的经济发展较为落后，没有足够的资金支持乡村旅游的开发，这就对这些地方的进一步发展产生了很大的限制。乡村旅游产品生产的各个环节都需要充足的资金支持，包括产品的设计、开发、营销等环节，都要聘请专业的人员来完成相应的工作，对资金的需求量很大。对一些思想较为前卫的企业来说，尽管他们对乡村旅游产品的开发已经进行了长远的设想，但是由于缺少资金的支持，使得这些设想只能存在于人们的头脑中，却不能成为现实。从这里我们就可以看出，资金的缺乏成为了限制乡村旅游产品发展的关键。对于当地的政府来说，很多还没有认识到乡村旅游产品对于带动当地经济发展的重要作用，因此在产品的开发、生产和销售的过程中，没有给予足够的政策优惠，这也成为了乡村旅游产品发展的一个重要限制性因素。

在很多已经开展乡村旅游的村落，由于思想观念的落后，因此没有对乡村旅游产品的发展做出整体性的规划。在很多的乡村旅游地所设计出来的产品，没有能够充分体现出当地的特色文化，只是盲目地仿照其他地方的产品，因此造成乡村旅游产品的大量重复开发，不能对游客产生大的吸引力。此外，在乡村旅游产品生产和营销的过程中，没有专业的相关人员对产销环节进行专业化的指导与规划，造成乡村旅游产品产销环节的混乱，这对乡村旅游产品市场的进一步开发是极为不利的。

在对乡村旅游产品的管理中，也缺少科学的管理方式，无论是在管理制度还是在方法方面，沿用的都是以往老旧的理念。这最终就导致了乡村旅游产品市场的混乱，产品质量良莠不齐，产品定价不统一，整个乡村旅游产品市场混乱不堪。

面对上述在乡村旅游产品市场中出现的多种问题，政府方面必须要加强对市场环境的规范，并在税收和宣传推广方面给予其较多的优惠政策，扶植乡村旅游产品市场的发展，提高当地的经济收入，从而吸引更多的游客前来参观和体验。在当地的经济发展方面，乡村旅游还能引进更多的资本进入，为经济的发展提供充足的资金保障。

第二节　产业融合下的乡村旅游产品开发模式

一、基于产业融合的乡村旅游产品开发理论基础

(一) 旅游资源创新

我国在加入 WTO 之后，经济得到快速发展，人民的收入不断增加，生活质量得到提高。在人们的物质生活得到保证之后，人们就开始寻求精神生活的满足，于是旅游就成为了大多数人们的选择。随之我国旅游业的发展出现了黄金十年，众多的旅游景点被开发和建设起来。旅游业的发展在拉动我国经济增长方面起到了重要的作用，但随之而来的就是不断加剧了旅游市场的竞争。一些学者研究后发现，随着人们对旅游认识和要求的不断提高，即使是在全国著名的旅游景点内，所设置的传统旅游项目已经很难再吸引游客的目光。这就使得旅游经营者必须要面临一个残酷的问题，即必须要对旅游产品进行创新，如果不对旅游产品进行创新性的变化，那么就会造成游客的大量流失。在这种情况下，乡村旅游产业的经营者就要始终秉承创新的理念，对相关的乡村旅游产品进行创新，以此满足游客的需求，进而吸引更多的游客前来参观。例如，湖南的张家界是全国著名的旅游景区，为了吸引游客的目光，近年来相继开发了玻璃栈道和滑翔等新型旅游产品，对相关的旅游产品线进行不断的丰富和更新。

当前，从乡村旅游发展的总体状况来看，处于同一区域内所建立起来的乡村旅游，在最初对旅游产品设计的过程中，几乎都是类似的。对于生活在同一个区域的居民来说，无论是在经济水平和生活习惯方面都存在很大的共性，这就造成旅游者无论是在哪一个乡村旅游地进行参观，所感受到的东西都是相同的，存在明显的同质化因素。在这种情况下，就更加凸显了对乡村旅游产品进行创新的必要性。乡村旅游的开发者要从全局的角度出发，明确自身乡村旅游地所具有的优势，实现对旅游资源的有效开发和综合利用。在准确把握游客需求的基础上，开发出能够受到游客追捧的旅游产品，从而不断对乡村旅游产品线进行丰富。

(二) 产业融合理论

跨界是产业融合理论的关键，从本质上说就是要对多种不同的资源进行有机整合。在人们的思维观念中，通常在谈论到旅游产品的开发时，首先想到的就是要在所拥有的旅游资源的基础上来对旅游产品进行创造和开发。但随着现代社会的不断发展，人们对产业融合理论研究的不断深入，在旅游产品开发的过程中，开始注重与其他产业的融合，这成为未来旅游产品开发的重点方向。从以往旅游产业的发展情况来看，其在一定程度上已经实现了与其他产业的融合，并且获得了良好的成果。例如，在一些工业产业地区，兴起了工业旅游；在一些影视基地和影视地点的基础上开发出了影视旅游，横店影视基地所发展起来的旅游业就是其中的典型代表。随着人们对健康和体育活动要求的不断提高，在此基础上又产生了相应的康体旅游和体育旅游产业，实现了不同产业之间的相互有机融合，为旅游产业的开发带来了新的生机。旅游产业在发展的过程中，与其他的产业相融合，这同时也就为新形态旅游产品的开发带来了新的方向。当前，我国乡村旅游产品开发面临的一个严重问题就是，产品同质化现象的产生极为严重。在这种情况下，产业整合理论的出现就为解决旅游产品的同质化现象带来了新的解决方式，为乡村旅游产品的开发带来了新的思路。未来在乡村旅游产品的开发中，可以将更多其他产业的内涵融入到产品的开发过程中，充分利用不同产业的文化信息，打破以往农村资源对于乡村旅游产品开发的限制性，从而创造出新的旅游产品，实现对产品线的进一步丰富，促进乡村旅游朝向多样化的方向发展。

二、产业融合下的乡村旅游产品开发

(一) 产品开发原则

将产品融合理论投入到乡村旅游产品的开发过程中，就可以对其他产业的优秀资源进行吸收，以促进乡村旅游资源在拉动当地经济方面作用的充分发挥，为前来观光的游客提供更为赏心悦目的新型乡村旅游产品。需要注意的是，想要实现乡村旅游与其他产业资源的有机融合，并不是短时间内就可以实现的，在具体实施的过程中，必须要遵循一定的开发原则，具体来说，主要有以下几方面的内容。

第一，始终坚持乡村旅游产品的差异化开发。市场中活跃的多种行业都可以实现与乡村旅游资源的融合，但需要注意的是，在对其他产业资源进行挑选的过程中，必须要注重乡村旅游产品开发的独特性，这样才能吸引游客的目光，从而产生购买的欲望。尤其要注意的是，在对乡村旅游产品开发的过程中，切莫要盲目跟风，避免产品开发同质化情况的出现。在这一过程中，要着重对本地的特色资源的开发，实现人无我有的产品开发模式，最终所创造出来的产品要可以为游客带来更为新鲜的体验，在未来发展的过程中将其作为本地乡村旅游产业发展的竞争优势，从而最终实现特色化的乡村旅游产品开发模式。

第二，始终坚持乡村旅游产品的真实性开发。当前，乡村旅游热的出现，其中的一个重要原因是，乡村旅游可以为久居城市的群体提供一个更为和谐的自然生态环境，游客可以切身体验到农村人们的生产和生活状态，实现回归自然和传统的愿望，这就使得众多的城市游客开始选择乡村旅游项目。因此，乡村旅游产品在与其他的产业进行融合的过程中，也必须要注重开发的真实性的原则，游客在参与乡村旅游的过程中，所接触的事物，获取的体验过程都必须要是真实的，以此才能获得游客的好感。如果在开发的过程中，不注重真实性的原则，通过胡编滥造的形式来蒙骗广大的游客，那么最终会引起游客的反感，并造成游客的大量流失。

第三，始终坚持乡村旅游产品的创新性开发。创新是产品融合理论能够最终实现的本质。乡村旅游行业在与其他产业进行融合的过程中，如果只是将二者的资源进行简单的叠加，没有将二者之间进行相互融合和渗透，那么就不能被称为是融合开发。因此，必须要将创新的观念融入到乡村旅游与其他产业相互融合的过程中，打造出具有本地特色的乡村旅游产品，为游客提供高质量的产品服务需求，吸引更多的游客前来参观和游玩。

(二) 产品开发步骤

1. 设计鲜明、易懂易记的产品主题

旅游产品在设计之初，一定要设定一个鲜明的主题，要便于人们的传播，同时还要给游客留下深刻的印象，同时游客也可以通过主题直接掌握旅游产品的文化内涵。从旅游产品的特色性上来看，乡村旅游产品与其他形式的旅游产品相比较，不具有很大的优势。因此，在对旅游产品的开发过程中，更要注重对旅游产品主题的确定，主题要具有新颖性，能体现出当地旅游产品的特色，同时开发者应该针对目标市场进行深入的分析，明确游客的需求，并将他们的需求融入到乡村旅游产品开发的过程中。此外，在对乡村旅游产品开发的过程中，还要注重差异化和异质化的并存，产品的创新必须要具有个性化和专业化，这样才能满足游客日益提高的消费需求。乡村旅游产品在与其他的产业进行融合的过程中，不能盲目追求新鲜性，为乡村旅游产品的主题服务，是实现产业融合的前提条件，这样主题的内容才能够更充实。在对游客进行主题推荐的过程中，也才能更容易被游客所接受，并最终为旅游产品的进一步传播作出努力。

2. 确定目标市场需求

乡村旅游产品的开发者在对产品进行创新的过程中，首先要做的就是要确定乡村旅游产品的目标市场，以此明确目标市场的需求，这样最终创造出来的产品才能获得游客的认同，并在产品的销售中获得较高的收益。从这里就可以看出，明确目标市场的需求，是对乡村旅游产品开发成功的关键所在。因此，乡村旅游产品的经营者在对产品开发之前，首先应当明确的是，乡村旅游产品所面对的目标市场，是以家庭为主，还是以青少年为主，或者是以学习知识为主还是以休闲放松为主，都要提前进行明确。然后再针对不同的目标群体，开发出满足其需求的乡村旅游产品，在与其他产业的资源进行融合之后，实现乡村旅游产品发展的最佳，吸引更多游客的前来。

3．营造更多元的感官体验

将乡村旅游产品的开发与其他产业的资源相融合，还要注重对游客感官刺激多元化的实现，这就必须要对传统的观光旅游进行改变，并逐渐向体验旅游进行转变。例如，利用乡村的特色环境，满足游客体验农耕生活的愿望，并为其打造专项的体验场景，通过沉浸式的形式，全面刺激游客的感官，加强游客的切身体验感受。此外，对游客感官的刺激还要注重多元化的实现，不仅要刺激游客的视觉，同时还要刺激游客的听觉、嗅觉和触觉，这样才能对游客形成深刻的体验。需要注意的是，游客体验农村生活的过程中，加强对游客的体验感觉，仅仅依靠感官上的刺激还是远远不够的，在营造体验场景的过程中，还要营造一种互动的氛围，让游客主动对自身的感觉器官进行调动，让其全身心投入到农村情境体验当中。在对乡村旅游产品主题进行设计的过程中，也要注重参与性的体现，无论是在产品的生产、服务、消费环节，都要体现出游客的参与性，通过游客的自身感官，来体验到乡村旅游的乐趣所在，并在头脑中形成更为深刻的乡村旅游印象。

4．围绕服务品质下功夫

产品的稀缺性和产品的高质量，是产品赢得市场竞争的关键，乡村旅游产品也不例外。提高乡村旅游产品的质量，这同样也是乡村旅游获得成功的关键点。在对乡村旅游产品进行开发的过程中，严格要求产品的质量，这对提高产品的品牌传播力是极为有效的，不仅可以提高游客的旅游体验，同时还可以提高游客对于乡村旅游产品的粘性，吸引更多的游客前来参观和体验。

提高产品的质量与服务可以从一下两方面入手：

第一，要建立标准化的乡村旅游产品生产线。在对乡村旅游产品进行标准化的生产之后，可以为游客提供的产品和服务将更为高效，同时还可以改变人们传统观念中认为乡村旅游产品不够卫生、安全的理念，为游客提供更好的体验感受，无论是在视觉上还是在心理上。为实现这一目标。乡村旅游产品的经营者就必须要制定标准化的产品生产和运营模式，对员工的行为进行规范。此外，对现代企业管理的先进理念进行引进，并融合到乡村旅游管理当中，提升乡村旅游产品的竞争力，确保其在旅游市场中能够占领一席之地。

第二，要为参与乡村旅游的游客提供更为灵活的个性化服务。对于来自世界各地的不同游客来说，娱乐休闲是其选择乡村旅游景点的主要目的，由于文化和生活习惯的不同，因此他们对乡村旅游项目也有着不同的偏爱。在这种情况下，在对乡村旅游产品进行开发的过程中，就必须要注重产品的个性化体现，以此才能满足不同游客的要求。此外，在为游客提供服务的过程中，还要加强与游客的交流和沟通，这样才能准确把握游客的需求变化，以此能够有针对性地对乡村旅游产品进行升级和改进。

三、产业融合下乡村旅游产品开发的模式

(一) 旅游与文化融合模式

在整个旅游市场中，对旅游产品的开发过程中，都会将文化内涵融入其中，这同时也是旅游产业最为成功的一项旅游产品。游客在进入乡村旅游地之后，由于对当地文化的陌生，因此不能全面领会当地的风俗文化。将文化融合到乡村旅游产品的开发中就在一定程度上解决了这一问题，游客可以通过对旅游产品的了解进而来了解当地的民俗文化，能够体验到当地特有的农村文化，切身体验其与城市生活不同的地方。融入乡村旅游产品的文化可以包含多个方面，既可以是当地的历史文化，也可以是当地的民俗文化，还可以是当地的山、水、平原、高山等旅游资源，最为重要的是这些文化必须要具有当地的特色。在广大的农村中，普遍都存在着赶集、庙会、赏月等习俗，在乡村旅游产品开发的过程中，都可以将其融入进去，成为当地特有的标志。实际上，只要是旅游地具有一定特色的文化形式，是与城市文明有一定区别的，就都可以将其融入到乡村旅游产品的开发之中，以此来实现文化与乡村旅游的有机融合。

(二) 旅游与体验融合模式

久居城市的游客到乡村旅游景点，其主要目的就是体验农村真实的生活，观赏真正属于田间的风土人情。因此，将农业与旅游相结合，能够满足城市游客体验农民生活的愿望，尽情享受做农活的愉悦。在将农业融入到乡村旅游的过程中，可以对真实的农民劳作生活进行拆分，分为不同的部分供游客进行选择体验。例如，游客可以选择到菜园种菜、喂养牲畜或是选择到果园摘水果等，将不同的农活都设计成为乡村旅游农耕生活的体验场景。这种形式的乡村旅游产品，可以为游客带来更新层次的体验，不仅可以享受到劳作的愉悦，同时还可以品尝自己亲手摘下的蔬菜、水果等。需要注意的是，游客在体验农业劳作的过程中，可以缩短体验的时间，但是不能在取消劳作体验的前提下直接向游客提供农产品，这样会为游客带来向他们推销农产品的错觉，会降低游客的好感，不利于形成游客对于乡村旅游的粘度。农村生活与城市生活相比较，要更加自然，更加充满意趣，并且农业生产的过程也符合人们的养生观念，通过劳作还可以获得纯天然的农作物，会对城市游客形成很大的吸引力。

(三) 旅游与教育融合模式

在中国，父母总是全身心地支持孩子的教育和成长，不仅舍得在教育项目上花费大量的金钱，并且也愿意陪伴孩子享受各种体验项目。对于久居城市的孩子来说，每天面对的是由钢筋、水泥建造的高楼，家长更愿意在假期的时候带孩子去体验真正的田园生活，这对提高孩子认识自然的能力也是极为有效的。因此，在对乡村旅游产品进行开发的过程中，可以与教育因素相融合，可以让城市的孩子体验到一种新的生活方式，让孩子享受在乡村和田间奔跑的乐趣。例如，可以带孩子体验采摘瓜果蔬菜，到畜牧场了解家畜的养殖，这样有利于开阔孩子的视野，带领孩子认识更多的植物和动物。通过乡村生活的真实体验，还可以提高孩子的自理能力，为孩子的成长增添更多的乐趣。此外，还可以对传统的农村文化进行深入挖掘，并将其融入乡村旅游产品之中，让城市的孩子在体验乡村旅游的过程中，同时也可以了解我国传统文化，了解我们的历史和由来。在很多的地区，仍保存着多种手工技艺方式，包括造纸、剪纸、制陶等工艺，这些都是中国民族发展的文化精华。将这些传统的手工艺技术融入到乡村旅游产品之中，让孩子亲身体会手工技艺的制作过程，有利于帮助孩子加强对中国传统手工技艺文化的了解，提高孩子的民族自豪感。

第三节　乡村旅游附属商品的综合开发

一、乡村旅游附属商品的种类

(一) 旅游纪念品

乡村旅游纪念品是旅游者在乡村旅游过程中所购买的具有鲜明地域、民族特色，体现乡村地方文化，在具有审美、实用价值的同时还具有较强的纪念意义的商品。乡村旅游纪念品的开发范围十分广泛，主要有以下两类：

1．工艺美术品

这类旅游商品种类繁多，是旅游者购买的重要旅游商品之一。我国广大乡村地区人口众多，散布着大量的民间艺人，有更多的劳动力支持劳动密集型的工艺美术品生产；工艺美术品在乡村有着悠久的设计、生产的传统和历史，并积累了丰富的经验；同时乡村地区有着丰富多样的工艺美术品创作物质材料和文化主题，发展空间很大。工艺美术品主要包括：

(1) 雕塑工艺品。

雕塑是一种造型艺术，包括雕刻和塑造两种制作方法。其工艺品种类繁多，分类体系多样。按照雕塑材料分主要有牙雕、石雕、木雕、核雕、煤精雕、发雕、玉雕、米雕、竹雕、装饰工艺品、塑类工艺品以及其他类型的雕塑工艺品等。如河南栾川县重渡沟镇开发出的竹雕手工艺品、甘肃银川市的石雕、甘肃两当县的根雕、甘肃省酒泉市的玉雕、湖南省邵阳市的竹雕、湖南省洞口县的墨石雕刻、福建省惠安县的石雕、新疆维吾尔自治区和田的玉雕等，都有悠久的历史，在相应地区分布广泛，开发潜力巨大。

(2) 漆器工艺。

漆器是经过制胎式脱胎，再加底漆，经扫磨、推光、装饰等各工序形成的，具有色泽鲜艳、防腐、防酸、防碱等特点。漆器的制作工艺技术在我国已经有2000多年的发展历史，许多地区都形成了一些著名品牌，如甘肃天水的雕漆、贵州毕节的漆器等，在其乡村有广泛的生产基础和经验。

(3) 陶瓷工艺品。

陶瓷工艺品包括陶器和瓷器两种。邯郸的陶瓷，石嘴山的瓷器，宜兴的紫砂茶具，唐山的陶瓷，洛阳的唐三彩，临汝的汝瓷，我国著名的四大瓷都之景德镇的景瓷、醴陵的彩瓷、德化的白瓷、龙泉的青瓷等已经形成了影响较大的旅游商品品牌，在相应地区的农村广泛分布。以宜兴的紫砂茶具为例，其生产主要集中在丁蜀镇和所辖范围内的各个村屯中，生产开发具有典型的乡村特性，在乡村中也有众多手工艺人从事紫砂生产销售等工作，紫砂产品不仅成为乡村著名旅游商品，还是地方形象的代表和地区的代名词，紫砂生产和销售经营及其配套行业也成为当地乡村经济重要的产业部门。

(4) 编制工艺品。

编制工艺品指以草、竹、柳、藤、棕、麻、麦秸、玉米皮等为原料经手工编制的民间工艺品。编织工艺品在我国乡村地区制作历史悠久，种类繁多，工艺精巧，造型优美，具有投资少、成本低、可行性强、市场广阔等特点。如山东费县的草帽、湖南安仁县的军山竹篮、临武县的草席、山东莘县的芦席、天津武清区的柳编、山西岚县的苇席工艺等，都已经成为地域特色鲜明的旅游工艺商品。

(5) 金属工艺品。

金属工艺品是指以金、银、铜等金属为主要原料，经各种特殊工艺加工制成的工艺品。在我国西藏、云南、贵州、新疆等少数民族地区有大量的金属工艺品传统工艺留传，开发前景广阔。如青海湟源的银器工艺品，西藏昌都的金、银、铜、铁工艺品的加工发展，都是比较典型的，在旅游商品开发上已经取得了初步的成绩。

(6) 花画工艺品。

工艺花主要包括绢花、绒花、纸花、羽毛花、塑料花等；工艺画主要包括贝雕画、羽毛画、麦秸画、牛角画、软木画、竹帘画、棉花画、彩蛋画、树皮画、蝴蝶画等。这一类商品在广大乡村地区具有制作材料广泛、传统工艺深厚和劳动力丰富的优势，特别是最后一点对于这类需要手工制作的商品其优势更加明显。如常熟沙家浜利用丰富的芦苇资源开发的芦苇工艺画，工艺精湛，主题鲜明，地域特色明显，市场销售良好；黑龙江省汤原县大亮子河国家森林公园开发出的蝴蝶工艺画也属于这一类型。

(7) 织绣工艺品。

织绣工艺品包括刺绣、织锦、抽纱、花边、绒绣、地毯、挂毯等，比如新疆乌恰花毡、和田地毯与小花帽、河北滦县的金丝绒毯等广泛分布在乡村地区，开发条件优越。

(8) 其他工艺品。

手杖、伞、扇、工艺蜡烛、面塑、蜡染、泥塑、剪纸、风筝、玻璃工艺品、水晶工艺品、玉石等众多类型的工艺品有大量留传，还有新的种类在不断涌现，发展潜力巨大，如新疆和田玉器、无锡惠山泥人、陕北剪纸、潍坊风筝、苏州绢扇等都已经成为重要的地方性旅游纪念品。

2．土特产

(1) 土特产。

土特产指的是具有浓郁地方特色，以地方原料或地方具有一定垄断性的技术、历史悠久的传统工艺为支撑而生产加工的产品。我国广大乡村地区土特产种类丰富，且发展空间广大。

茶叶、中药材(灵芝、人参、雪莲、草药等)、保健产品、食品、饮品、种类众多的农副产品、地方性名特产品等，都可以开发成为乡村旅游商品。如新疆的瓜果蜜饯、河北沧州的金丝小枣、北京的板栗、河南陕县的观音堂牛肉、山西汾阳的汾酒、安徽祁门的红茶、宜兴的阳羡茶等都已经开发成为地方旅游商品。此类土特产在我国广大的乡村地区种类可谓是数不胜数，是我国乡村旅游商品开发的重要内容。

(2) 民俗用品。

在广大乡村地区，特别是一些少数民族聚集的乡村地区，人们在日常生活中所佩戴的珠宝首饰，诸如金饰、银饰、玉饰等，都可以开发成为旅游商品。以服装为例，南通的蓝印花布、新疆的小花帽、绍兴的乌毡帽的开发就很成功。在广大农村一些生产、生活用品、工具也都可以开发成为旅游商品，如一些地区将乡村孩子们玩的羊关节骨开发成为旅游商品出售，这是中国北方乡村地区儿童游戏工具之一，对于健脑益智、提高儿童的反应能力很有帮助，诸如此类的可用于旅游商品开发的例子是非常丰富的。

这类商品如介绍地方历史、景物等的相关书刊、图片，地方景物、文物的艺术复制品，介绍地方文化、历史、风光、景物等的光盘图像、音乐资料、字画金石、文物古董、文房四宝等，如湖州的湖笔、安徽宣城的宣纸、嘉峪关的石砚。

(二) 旅游专门用品

旅游专门用品是为实现旅游目的而购买的商品。如雨衣、旅游包、照相器材、旅游鞋帽、登山器材、滑雪器材、手杖、太阳镜、防寒防暑用品、帐篷、旅行车、游泳用品、指南针、药品、应急用品、旅游专用鞋、旅游服装、望远镜、电筒等。此类产品开发需注意将商品使用功能与乡村旅游需求相结合，注意乡村在商品生产的可行性与经济性，以及生产优势情况，同时注意将商品赋予其乡村地方内涵，手杖、鞋帽上可印有与旅游目的地相关的信息，在有条件的地方可以开发出诸如具有地区特色的旅游包等旅游用品。

(三) 旅游消耗品

旅游消耗品是指旅游者在旅游过程中所需要消耗的商品。主要包括食品、饮料、当地的特色小吃以及日常生活必需品，如洗漱、卫生用品等。

乡村旅游商品开发中，食品、饮品、特色小吃也是开发的重点，因其是旅游者需求的重点内容，且需求弹性大，乡村发展的条件优越，小吃类资源众多，开发可行性高，开发潜力大。

(四) 其他商品

其他类乡村旅游商品指的是地区具有购买优势型商品，优势特指产地优势和价格优势。如将农产品带回食用，可以在鱼塘、虾池、蟹塘现场或乡村的市场上直接面向旅游者销售相应的水产品；各类菜园、果园也开展相应的面向旅游者的蔬菜与水果的商品销售；也有的乡村将一些对保质期有严格要求的诸如鲜花、加工食品等农副产品向旅游者销售。这部分旅游商品的购买不是为了纪念，也不是在旅途中消耗掉，而是带回旅游客源地消费，因此我们将其归类为其他旅游商品。这部分旅游商品在乡村旅游商品中地位重要，因为乡村旅游者大都以附近地区的城市居民为主，在旅游者购买后返回出发地时间短，交通便捷，能够保证相关商品运输和质量要求，而直接在乡村购买的商品，在质量和鲜活性上有更好的保证。这种与到城里把商品送到消费者家中的销售方式有着巨大区别，乡村农产品生产与销售效益回报更高。此类商品在乡村旅游商品开发中，发展迅速。

二、乡村旅游附属产品的开发

(一)乡村旅游附属产品开发的基本思路

1．体现旅游产品特性

旅游产品开发要体现出旅游产品的共有特性，如纪念性、便携性、艺术性、地方性等；对于乡村旅游产品而言，还要在此基础上尽可能地表现出乡村特色以及其环境、文化传统、风俗习惯、生产生活等相关特征，如乡村旅游产品应具有原生态的环境、更加突出的乡土特色、更加鲜明的民族性和地方性，传统的生产工艺技术和手工生产占有重要地位，对于文化传统体现得更加原汁原味，乡村旅游商品应充分体现绿色、环保、天然、传统、原生的主体特性。

2．满足旅游市场需求

乡村旅游产品开发成败的检验标准是看产品是否满足了市场需求，市场销售量是衡量产品开发成败的重要尺度，没有销售市场的开发是失败的开发。为此乡村旅游产品开发要充分了解旅游者对乡村旅游产品的偏好，同时要注意到旅游者消费取向的变化形式和变化方向等，只有充分把握乡村旅游市场需求，并将这种需求很好地融汇到开发、设计、生产之中，乡村旅游产品的销售才能取得成功。

3．追求艺术、美观、时尚

追求艺术、美观、时尚这一要求是旅游产品的共性要求，因为旅游产品具有纪念特征，应尽可能地长期保存和使用，同时又要具有观赏性，要比一般性商品具有更强的纪念意义、更好的观赏效果、更优秀的艺术水平、更丰富的知识内涵、更高的收藏价值，同时还要追求时尚，满足市场发展变化的需求。对于乡村旅游产品开发而言，要注意历史悠久、地域性强、原料丰富的工艺产品的开发，以及手工艺产品的开发。对于旅游产品的艺术、美观、时尚，不仅要求体现在一些工艺类产品中，也要求体现在一般的旅游产品中，旅游者对于其在旅游目的地所购买商品中实用意义之外的要求是很高的，这些要求实际上就体现在商品的美观、艺术、时尚、纪念等特性。

4．加强创新拓展开发

乡村旅游产品必须要带有“乡土”的标志，这是乡村旅游产品的特色，不能丢弃。因此，在对乡村旅游产品开发的过程中，必须要注重产品的独特性魅力，这种独特性主要表现在两方面：一方面是要继承历史传统文化，另一方面是充分发挥创意的作用，对乡村旅游产品的设计要进行创新。在经历长时间的历史洗涤之后，很多地方的历史传统特色正在逐渐被削弱，在这种情况下，创新设计的重要性就更加凸显出来。对于一个具体的乡村旅游商品，开发时集中力量开展“一村一品”活动，所开发出来的产品必须要具有独特性，并且在一定程度上不能被别的产品所替代，这样开发出来的乡村旅游产品才会有成功的可能。此外，随着游客需求的不断提高，还要从造型、工艺、功能上不断对乡村旅游产品进行改善和升级，只有高质量、高口碑的商品才能在市场竞争中立于不败之地。很多乡村旅游产品在开发初期具有相同或类似的开发条件、资源和特色，但往往只有少部分地区开发成功，这是品牌、规模等方面竞争的结果，有时特色创新和优势形成就是在竞争下发展壮大的，地方特色是可以创新的。

5．保证经济效益可行

乡村旅游产品开发虽然其中存在着一些艺术、文化价值，但要清楚地认识到其核心是一种经济行为，要考虑市场需求量、成本效益、规模化生产以及技术上的可行性等，只有符合经济学规律的旅游产品生产才能够实现持续的发展。如果产品工艺水平很高，艺术价值很高，但却不可以批量生产，那么其生产量会受到限制，而一些产品生产如果达不到应有的规模，其成本就会很高，从而不具有经济学上的开发意义，其开发可行性就会大打折扣。因此，从经济角度审视乡村旅游产品设计开发是十分重要的，经济可行性是保证旅游产品实现成功开发的必要前提，甚至一些艺术效果相对较差、地方特色不是最为突出、生产优势也不是最为明显的旅游商品，由于其具有更高的市场需求量、更高的附加经济价值和经济效益而应得到优先开发。

(二) 乡村旅游附属产品的生产

1．建立一支旅游产品开发的队伍

产品开发，设计是基础。在乡村旅游产品设计上形成了众多的设计模式，如汲取历史文化传统，挖掘与发挥民间艺人才智，建立相对独立的设计部门，或在相关的生产企业内部建立设计队伍，或与相关的设计院所、高校和企业联合开展设计、举办设计大赛、全面调动社会设计资源等，通过全方位的努力实现旅游产品设计的创新发展，为旅游产品开发奠定基础。没有一支稳定的、高水平的设计队伍或设计团队作为保证，乡村旅游产品的创新发展是不可能实现的。为此要注意以下几个问题。

第一，现有的设计人员的组织开发问题，包括在城市或在乡村生活居住的相关设计人员的组织和有效地调动乡村旅游产品设计积极性问题，包括专职、兼职和设计任务招标等形式，同时力争形成利益互动共享、职责分明、关系稳定的设计生产合作关系，包括在乡村成立专门设计机构或在企业设立设计组织部门，在相关研究院所、大学建立专门的设计创作室或建立一个协调有效的松散型协会组织等，来实现设计资源的有效开发。

第二，要利用一切资源条件培养设计人才，形成乡村自己稳定的设计队伍。在乡村有大量传统和现代手工艺制品为主的旅游商品，其创作、设计和制作需要较大的人员队伍，产品质量直接与生产制作人员的技艺水平密切相关，制作同时也是进行创作的过程，其人员素质状况直接关系到产品的质量水平，设计制作人员队伍的培养是旅游产品开发的关键。

2. 构建一支旅游产品开发的优秀组织

形成一支包括组织管理、设计研发、技术生产、销售服务人员在内，与相关行业配套的优秀组织。人员可以采取引进、兼职聘用、教育培训、联合已有企业等形式建立起来。这支队伍是形成旅游产品设计开发与市场价值实现的重要保证，每一个环节都不能缺失。大力培养设计人才、生产人才、销售人才，并在相应的收入分配上形成有效的激励机制，政府、企业在人员培训上应该发挥其更大的作用。

3. 建立起乡村旅游产品开发的依托——企业

大量的乡村旅游产品需要企业来进行加工生产。乡村旅游产品生产的组织形式是多样的，不同的旅游产品根据生产的特点要求可建设起不同的生产加工模式，形成高效、经济、优质的生产格局。可以采取独立投资建厂，可以通过项目招标引进建设企业开发，可以与外资或本地、外地企业联合建设生产企业，也可以采取利用本地或外地已有企业代加工，一些商品还可以联合农户分散加工生产。目前许多乡村旅游产品生产采取定点企业、定点农户等方式，也不失为一种好办法。

4．形成政府全方位扶持旅游产品开发的机制

政府是乡村旅游产品开发的重要环境因素。乡村旅游产品的开发需要政府作为后盾来给以大力的支持，这种支持主要表现在通过一系列的政策措施来引导、组织、扶持、规范乡村旅游产品的开发。组织人力、物力、财力集中建立设计机构和生产机构，组织展览、展销、设计大赛活动，出台税收、贷款等优惠政策，提供研发基金、规范市场秩序。在我国目前的乡村管理体制下，政府主导型的乡村旅游产品开发仍然是重要的发展模式。另外还有一种模式是生产企业设计开发模式，其开发模式也依然需要政府的有效支持。

(三) 乡村旅游产品的包装

包装的保护功能是其基本功能，同时也是最主要的功能。在流通的过程中，由于外界因素的影响，商品会遭受一定程度的损害，对商品进行包装，就是要降低外界因素对商品的损害，防止商品发生物理或是化学上的变化。例如，在储运和流转过程中由于光线、气体、温度、湿度等因素导致的商品老化、氧化、锈蚀、破裂、脱水、霉变、融化和腐烂及在商品运输中的颠簸、冲击、震动、碰撞等造成商品的破损、变形、损伤、散失等。因此，在明确商品特性和储运环境的变化之后，要选择合适的包装材料对商品进行包装，根据商品的特性设计出更为合理的包装形式，加强对商品的保护，以减少商品的质量变化和损耗。包装的这一方面功能在乡村旅游产品上也有着十分重要的意义，如乡村旅游产品中有大量食品、鲜活商品和需要特殊保护的工艺品等，这些对于包装的保护性有着较为严格的要求，需要在包装设计上给予充分考虑。

包装在产品保护上所体现出的技术与方法各不相同，表现出诸如防潮、防水、防霉、防虫、防震、防锈、防火、防爆、防盗、防伪、保鲜、安全、透气、阻气、压缩、真空、充气、灭菌等技术类型。不同的商品要求采取的技术与方法各有不同，如水果蔬菜要求保鲜包装、工艺品要求防震包装、食品要求真空包装等。黑龙江省伊春市林区采用压缩包装形式包装木耳、真菌菇、猴头蘑等蓬松类山珍干货产品，使产品的体积大大缩小，增加了商品的便携性能，从而增加了游客的购买数量。压缩包装需要根据商品的特性在不对商品实用功能产生负面影响的前提下有选择地采用。

良好的商品包装是促进商品销售的最佳广告，是无声的推销员。对商品进行包装之后，可以通过良好的包装设计引起顾客对商品的注意，进而激发消费者的购买欲望，从而能够拉动商品的销售数量。从这里我们可以看出，包装不仅具有保护商品的功能，同时还具有美化商品、表现商品、传达信息的功能，因此要注重对产品的包装。现代商业经济的发展，使得商品的包装也成为商品塑造品牌的一种手段，是商品的一种重要的宣传手段，是商品品牌的延伸。商品的品牌一旦形成，会给消费者以安全和信誉保证，商品的包装是商品品牌最直接的形象，对包装的识别也是对品牌的一种认知和认可。塑造品牌形象有利于消费者与其深度交流沟通、心理认同，所以包装是品牌的形象外化，它能够彰显商品文化特色。

旅游产品销售包装标志与其他类产品的包装一样，首先要严格按照国家相关标准执行，然后根据产品的特性，在此基础上凸显、宣传、美化产品的功能。产品包装上一般应该具有标志，诸如商品名称、商标规格、数量、成分、产地、用途、功效、使用方法、保养方法、批号、品级、商品标准代号、条形码、文字标志等要齐全，对于一些重要的商品还要使用国家的强制性标准。如国家在食品标签通用标准中，规定的食品标志的具体内容如下：食品名称、配料表、净含量和固形物质量、厂名、批号、生产与保质日期标志及储存指南、食用方法、质量等级、商品质量标准代号、使用方法和注意事项、产品性能指示标志、特有标志、产品原材料成分标志等。这类产品要严格按照国家相关标准执行。

乡村旅游产品的包装除上述三个方面之外还应有如下几点考虑：包装材料、

文字说明、彰显特色、体现品质、图片展示、商品露视、表现文化、呈现人文关怀等方面。

包装材料的运用应充分考虑材料的文化属性，不同的材料能体现不同的地域特色和民族特色。传统的自然材料，如纸、竹、木、藤、泥、皮革、植物的茎叶等天然材料，应成为乡村旅游纪念品包装材料的主体。

制作各种包装物品要因地制宜，量材施用。传统的天然包装材料，包装时以原始状态、简单加工、精心装饰三种形态出现，同时可以选择更具有乡村地方民族特色的材料，要力争使消费者看到包装材料就能够体会到地方特色。包装材料种类很多，如纸包装、塑料包装、金属包装、玻璃陶瓷包装、木包装、纤维包装和复合材料包装等，其中以纸、竹、木、泥、植物等天然材料最能够体现出乡村自然原始的状态，再加上简单加工和精心装饰设计，可以通过包装材料渗透出浓郁的乡村自然原始气息来。如福建旅游产品中用竹笋壳包装茶叶、海南用椰子壳装饰纪念品、采取小包装麻袋形式包装杂粮稻米等，就使旅游商品在包装上凸显了乡村主题特色，这种包装要比常用纸质和塑料等包装材料更能体现出乡村的绿色环保特性。全国农业旅游示范点河南省栾川县重渡沟镇开发出的用竹筒作为包装的竹筒米饭、竹筒老酒等旅游产品，市场效益明显，旅游产品的包装具有浓郁的地方乡土特色，同时通过包装材料又赋予商品以新的文化内涵。

在乡村旅游产品包装的文字说明设计中，除按照相关要求体现出商品性质内容外，还要根据商品特点力图体现并表达出原始、野生、绿色、环保、传统、手工、特产等内涵来，这与城市体现高科技、现代化、机械化、国际化特征的旅游产品有着本质的区别。在商品的质量标志中要说明商品所达到的质量水平标志，如优质产品标志、产品质量认证标志、商品质量等级标志、绿色产品标志等，这些都是旅游者对商品品质认同的重要标志。

产品包装上的图片、照片或产品显露出的实物要尽可能地展示出产品的特征，并将文字表达出的主题含义或内容通过图片辅助解释、深化认识、强化刺激、提高认同。如体现地方性标志图案、商品出产的环境、商品生产的工艺与商品设计艺术等，乡村旅游产品包装上可以体现出优美的自然环境、天然绿色的原料、传统的加工工艺、手工制作技艺、鲜明的乡村特色和地方特色等。

包装要彰显地方文化特色，与产品的地方特色、民族风格相合。一些共性的日用品在包装设计中巧妙地融入地方文化元素特点，就可以成为地方性的旅游商品。如在我国的许多地方都有一种被称为老婆饼、老公饼的食品，从制作工艺、商品的口味与形状、产品的原料与色泽上看各地差别很小，但是由于各地不同的具有强烈地方性文化标志或色彩的包装，还是赋予了产品鲜明的地方特征；而一些地方性本来非常突出的产品，由于包装设计中对地方文化因素体现不够突出，从而使产品的地方性特征不能够被旅游者充分认识到。

第五章　乡村旅游的科学管理

当前，我国乡村旅游的发展还不够成熟，在管理方面还有多种问题的存在。在乡村旅游的起步阶段，主要是以政府为主导来对旅游业进行管理，由政府以行政力量推进，期间形成了一些政企不分、内部人控制等现象，缺乏有效管理和竞争意识。实现乡村旅游发展的前提条件是，必须要具备良好的乡村自然生态环境，这同时也是构建乡村旅游的载体形式。由此可见，想要实现对乡村生态旅游的进一步发展，就必须要对当地的生态环境进行保护。但是从当前我国乡村旅游发展的总体状况来看，人们还没有对生态环境的保护问题引起足够的重视，在对乡村旅游资源进行开发的过程中，最为注重的还是旅游的收入，但是却忽略了最为基本的对生态环境的保护。其中的一个典型的例子是，在建设旅游设施的过程中，完全没有考虑到对生态环境的保护。无论是在餐厅，还是在娱乐场所经营的过程中，部分经营者会将没有经过处理的污水直接排放到河水中，从而加重了河水的有机污染。随着人们生活水平的提高，很多游客都开始选择自驾的形式来进行旅游，这些机动车辆会排放出大量的尾气，对村落的空气造成严重的污染。旅游垃圾和生活垃圾，由于处理不得当也在影响着旅游区内的生态环境。因此，必须实施改革，将最新的科学技术手段应用到乡村旅游的建设之中，提高对乡村旅游管理的科学性。

第一节　科学管理及其对旅游管理的启示

一、科学管理理念

(一) 科学管理的认识

英国在经历了工业革命之后，开始将科学管理的思想融入到管理活动当中，其中的代表人物为泰勒、法约尔、韦伯等，他们是古典科学管理倡导者。当前的学术体系中，在进行研究的过程中，会将管理学作为一门科学来进行对待，这其中的重要原因就是，管理者的先驱将科学和理性等方面的要素，最先融入到了管理学的研究当中。

在现代管理活动中，将科学的理念融入其中，使得多个领域在科学管理的领导下获得了巨大的成功。随着现代经济社会的不断发展，个体之间所存在关系日益多样化和复杂化。在这种情况下，如果仍然沿用以往理性的管理手段，来对员工进行管理，通常不会取得良好的效果。在日本企业的快速发展之后，人们看到了日本经济的快速崛起与其在管理过程中，对非理性因素的运用起到了重要的作用，因此人们对管理的研究开始转为一些“软因素”上面。这是因为，对于企业中的员工来说，他们是理性与感性的混合体，在参与工作的过程中，他们不仅会产生经济上的需求，同时也会在心理和情感上产生需求，他们期望通过自身的工作可以确保自我价值的实现。正是意识到了这一点，因此很多西方国家在对本国企业的员工进行管理的过程中，也开始对中国的一些人性化的管理方式进行借鉴，包括以人为本和中庸之道等软性管理方式。在对管理学进行深入研究的过程中，开始将管理作为一门艺术来对待，不仅仅是根据一系列指标的显示来表明管理的科学性，在企业日常管理中涉及到的隐性因素也开始引起人们的关注。

(二) 管理的科学性

科学实际上就是一种知识系统，包括三方面的内容：第一是明确的概念；第二是一般性的原理；第三是由彼此有联系的原理和概念所构成的理论框架。与其它类型的科学领域相同，管理学也具有相应的科学性，这是因为，管理学有自己明确的概念、范畴和普遍原理，以及独特的知识体系。对于管理学来说，其是在大量实践管理经验的基础上，所提炼出来的一套系统知识理论和管理方法，这是管理学具有科学性的最佳体现。经营者在对企业进行管理的过程中，需要对管理学中所涉及的基本原理和科学方法进行合理的运用，以此来推动既定目标的实现。在这一过程中，还可以实现对管理活动中多种规律的有效揭示。

二、科学管理对旅游管理的启示

在对人类的管理活动正式开始之后，管理领域所涉及的范围就在不断扩大。当前的管理活动，主要可以分为三个方面，即工程管理、工商管理和公共管理。工商管理的出现，是将管理活动作为一种专门的学科进行研究的起点，然后在此基础上开展对其领域的管理研究。无论是在哪个领域的管理活动，在对其进行研究的过程中，首先需要考虑的就是工商管理所具有的科学性和艺术性，然后再与其它领域的管理活动进行比较，确定彼此在管理活动中所存在的共性以及个性。由此可见，想要对旅游管理的科学性进行研究，可以将旅游管理和工商管理进行对比，明确二者之间所存在的联系和区别，以此来确定旅游管理的科学性。

在经过大量的研究后发现，旅游管理和工商管理之间存在着多个方面的联系，由此可以肯定，旅游管理也具有科学性和艺术性。旅游管理的科学性主要表现在三个方面。

第一，旅游管理拥有自身系统性的管理原理，包括人本原理、系统原理、动态原理和效益原理等。

第二，旅游管理在实际实施的过程中，有大量的法律法规作为规范，包括《旅行社管理条例》《旅游管理条例》《风景名胜区管理暂行条例》《边境旅游暂行管理办法》等。

第三，旅游管理具有技术管理的依据，即标准的操作规程，包括《旅游统计管理办法》《国内旅游组团合同范本》《导游人员管理实施办法》等。

第二节　乡村旅游管理体制分析

一、“组织 + 农户”的合作管理体制

(一)“行业组织 + 农户”的主要形式

1. **“公司 + 农户”**

“公司 + 农户”的发展模式指的是，由旅游公司作为主导，在对乡村旅游进行经营与管理的过程中，逐渐将周围的农民吸纳进来，为农村的剩余劳动力提供工作的岗位，并可以实现对社区农户闲置资金的充分利用。乡村旅游的经营需要不断对新的农事活动进行开发，丰富游客的农事体验项目，将真实的乡村文化展现给游客。为了实现乡村旅游的可持续发展，必须要引进科学化的管理方式，定期举行培训，提高农户的接待服务水平，避免恶性竞争情况的出现，从而损害到广大游客的利益。“公司 + 社区 + 农户”模式是在“公司 + 农户”模式的基础上所延伸出来的。在“公司 + 社区 + 农户”合作管理体制下，公司会通过中介的形式来与农户进行合作，这个中介通常就是当地的村委会，以它的名义来鼓励农户参与到乡村旅游的管理当中。对于公司来说，会定期对农户进行旅游接待方面的培训工作，以此来对农户的行为进行规范，不断提高接待服务水平，确保公司、农户、游客三者之间利益不受侵害。

2. **“旅游组织 + 农户”**

“旅游组织 + 农户”的合作管理体制是最为常见的，该模式可以确保将旅游产业链当中各个环节的优势充分发挥出来，这同时也是该模式的最大特点。想要实现乡村旅游的可持续发展，对旅游的收益进行合理的分配是其中的关键，这可以对本土文化的真实性进行保护，避免乡村旅游过度开发情况的出现，同时还可以增强本地村民的自豪感，加快实现对农业产业结构的优化。具体的操作方式主要有以下几点。

第一，由政府作为主导，对乡村旅游的发展进行整体的规划，修建并完善相关的基础设施建设，为乡村旅游的实现提供一个良好的环境。

第二，乡村旅游项目的经营与管理问题由乡村旅游公司来作为主导，建立农民旅游协会组织，对各方面的利益进行调节，组织号召村民积极参与到乡村旅游的建设中来，对当地的传统民居进行维护和修缮。

第三，由旅行社作为主导，不断对当地的乡村旅游市场进行开拓，积极做好宣传工作，吸引世界各地的游客来对乡村旅游进行参观与体验。

第四，我国很多的村落即使拥有丰富的旅游资源，但是由于缺少资金的支持，使得乡村旅游的发展存在多种难题。在这种情况下，政府就应主动参与进来，对乡村旅游的建设进行总体的把控，促进公司与旅游协会的合作，鼓励广大的村民积极参与到乡村旅游的建设中来。其次，制定多方面的优惠政策，鼓励当地乡村旅游的发展。乡村旅游的发展可以为当地的农民提供大量的就业岗位，吸纳乡村剩余劳动力参与进来，实现对乡村资源的充分利用，确保农村生态旅游的顺利开展。

(二) 行业协会牵头下的乡村旅游合作管理体制

乡村旅游协会应在搭建合作平台、形成标准规范、加强宣传推广和协助旅游监管等方面发挥独特优势，推动我国乡村旅游健康发展。

1. 搭建多方合作平台

行业协会应重点发挥在强化交流、扩大宣传等方面的作用，搭建乡村旅游合作交流平台，定期组织开展各类论坛会议、业务技术交流活动等，促进乡村旅游行业内的资源合理分配、渠道共享、沟通合作，以此实现对乡村旅游行业整体效益的提升。1992 年，美国针对乡村旅游的发展，专门出台了一项政策，决定建立国家乡村旅游基金(NRTF)，这是一个非盈利性的组织。从开始建立到现在，国家乡村旅游基金的成立为乡村旅游的发展做出了重要贡献，全面提高了联邦旅游和休闲场所的知名度，为旅游的发展提供了多种有效的信息，推动各州旅游合作计划项目的执行，积极对国际旅游项目进行宣传和推广，对实现乡村旅游产业可持续发展的实现做出了重要贡献。此外，为了拉动美国乡村旅游产业的发展，国内的多个农业协会组织还会对当地的民众提供咨询和指导方面的服务，将其他地方乡村旅游项目成功建设的经验介绍给他们。每隔一段时间，社区就会举办乡村旅游巡回展览、专题研讨会，以此将乡村旅游知识传授给农牧场的生产者，并积极宣传该项活动的公益性，鼓励其他的协会和组织积极参与其中。美国乡村旅游产业能够得到快速的发展，与这些旅游业相关的组织的努力宣传与指导是分不开的。

2．出台行业标准规范

行业协会具有贴近企业、市场、行业动态的优势，在探索制定乡村旅游相关的技术标准、开展企业评级活动、实现对乡村旅游行业的标准化引导等方面具有突出贡献。例如，在一些乡村旅游地中，规定餐饮行业必须要采购当地的农产品来作为食材，不对其他地方的农产品进行贩卖或是采购，不允许餐饮行业提供罐头类的食品。在有游客来乡村旅游进行参观之后，会由当地的人专门对当地的风俗习惯为游客进行讲解，让游客能更快地融入当地村民的生活当中。在餐饮方面，规定为游客提供的菜式必须要具有地方的特色，确保菜式的简单和美味。

3．提升整体宣传效益

行业协会还可利用灵活多样的宣传推介渠道，树立行业品牌形象，扩大乡村旅游业在社会全产业体系中的影响力，提升企业发展效益。如西班牙乡村旅游协会(ASETUR)，有60%的乡村旅游业主都参与了进来。西班牙乡村旅游协会根据当地的旅游发展状况，专门建设了一个网站，为游客提供多方面的旅游信息。对各个会员的单位都进行了详细的介绍，通过网络，游客可以直接对旅游项目进行预订。此外，通过海协会的运作，还有效地将各个会员单位组织起来，实现了统一化的营销推广手段，包括预订中心、报纸广告和互联网等方式。国内的乡村旅游协会也有较好的实践案例，如广东省旅游协会结合地域特点，开展了“吃在广州”和如何丰富广州游线路的调研；通过举办“南昆山生态旅游文化节”，帮助南昆山开展旅游扶贫，受到地方政府的热烈欢迎。

4．加强监管维护权益

行业协会应成为政府、企业、游客之间的桥梁，在政府的引导下，一方面协助加强旅游质量监管，协调行业秩序；一方面进行市场调研，为政府决策提供参考。在这方面，阳曲县人民政府专门成立了阳曲县乡村旅游协会，针对乡村旅游活动的开展积极展开工作，力图实现对乡村生态旅游景点的大力培育和开发。山西太原市乡村旅游客栈项目建设了多个试点，位于阳曲县黄寨镇上安村的青草坡乡村旅游客栈就是其中之一。在乡村旅游的推广中，构建了极富有特色的主题——“领略黄土风情、体味窑洞生活、感受篝火晚会”，以此来吸引国内外游客前来参观。在后期的发展过程中，青草坡乡村旅游客栈取得了重大的成功，获得了游客的一致好评，也成为山西乡村旅游发展的典型。在乡村旅游持续发展的过程中，吸纳了当地众多的剩余劳动力参与到管理当中，增加了农民的收入，改善了农民的生活。生活水平的大幅度提高，使得当地的村民对乡村旅游的发展产生了极高的热情。在后期的发展过程中，阳曲县又推出了一系列新型的乡村旅游项目，包括黄土风情一日游、青龙古镇休闲游等乡村旅游线路，吸引了大量外资的参与，这对当地乡村旅游业的发展起到了重要的拉动作用。

乡村旅游发展应借鉴国际和阳曲县的实践经验，鼓励区县、行业成立各类乡村旅游协会，提高行业交流、合作和监督能力，探索以政府购买服务的方式，建立乡村旅游产业项目规划、实施、管理的第三方评估体系。强化乡村旅游行业的内部监管，落实政策指引，维护游客权益，提升企业效益。

二、集体管理体制

(一) 集体管理体制的主要形式

1．股份制模式

乡村旅游资源根据产权的不同，可以将其分为四种产权主体，即国家产权、乡村集体产权、村民小组产权和农户个人产权。这样在对乡村旅游资源进行开发的过程中，才能更好地实现对资源的保护，确保乡村旅游的生态环境不受到损害。在对乡村旅游资源进行开发的过程中，可以采用股份合作的形式来进行经营，也就是说以国家、集体和农户个体采取合作的方式，根据资源所属主权的不同，将旅游资源和特殊技术劳动力转为股本的形式参与乡村旅游的开发。最后在对旅游收益进行分配的过程中，要按照按股分红和按劳分红的方式对最终的乡村旅游收益进行分配，不同资源的产权人按照土地、技术、劳动等入股的方式，共同参与到对乡村旅游的开发活动当中。在乡村旅游经营到一定阶段之后，开发者就可以积累到一定程度的公积金，对这部分资金的运用主要会投入到乡村旅游的扩大再生产当中，并用于对乡村旅游基础设施的建设和维护当中，并且对受到影响的乡村生态环境进行保护和恢复。此外，乡村旅游经营所获得的公积金，还可以被运用到乡村的公共事业当中，当作对当地导游的培训资金，以及乡村旅游管理的经费来源，并且还可以对乡村社区居民进行资金激励，鼓励其积极参与到乡村旅游的开发建设中来。需要注意的是，在对股东的利益进行分配的过程中，通常会通过股金分红的形式进行。在这种乡村旅游经营和分配模式下，在乡村旅游经营的过程中，所有参与的主体，包括国家、集体及个人，都可以按照自己投入的股份获得相应的分红，以此鼓励社区居民的积极参与。

乡村旅游开发的“股份制”具有多方面的好处，可以对各方面自愿的产权关系进行明确，还可以吸收周围资金、物力、技术等多方面生产要素积极投入到乡村旅游的开发当中，实现资源的充分利用。此外，还可以将社区居民的责任、权利、利益有机结合起来，分散企业面对的风险，多方面主体可以实现乡村旅游收益的共享，引起乡村居民对生态环境保护的责任心，确保乡村旅游的健康发展。通过实行“股份制”的乡村旅游开发模式，可以帮助企业从经营管理层面真正能够独当一面，成长为自主经营、自负盈亏的市场主体。在该种乡村旅游经营模式下，当地的乡村旅游产业必定会实现良性的发展，为当地的村民带来良好的收益，带动当地产业的快速发展，实现经济发展的良性循环。

2. “农户+农户”

在乡村旅游经济发展的初级阶段，通常都会采用“农户+农户”形式的经营模式。乡村旅游在开发的初级阶段，由于对当地农户的生活会产生较大的影响，因此当地的农户对于乡村旅游的开发通常都保持观望的态度，不愿意将自己长久经营的土地交给公司进行经营。在这种情况下，乡村旅游开发企业通常就会选择一些农户作为“示范户”，当他们在乡村旅游经营的过程中，确实收到了实际的利益之后，其他的农户就会受到“示范户”的鼓励，愿意切身参与到乡村旅游的实际开发经营当中。在“示范户”的带领和指导下，其他的农户可以学到乡村旅游经营的相关技术和经验，在经过一段时间的努力和磨合之后，“农户+农户”模式的乡村旅游模式就正式形成了。

“农户+农户”模式的乡村旅游模式具有很大的优势，主要表现在：对资金的投入量不大，并且可以对最终接待游客的数量进行限制，防止当地乡村旅游出现游客过载的现象，保护当地最原始的生态环境不遭受破坏，实现乡村旅游经济的可持续发展。同时，该种经营模式还有利于对传统乡村文化的宣传，游客不需要过多的花费，就可以切身体验到乡村传统的农耕生活，从而吸引更多的游客前来参观和体验。需要注意的是，“农户+农户”的乡村旅游模式，在经营管理上不够先进，并且受到投入资金的限制，因此在拉动当地经济发展方面所起到的作用极为有限，通常情况只能发展为小规模的农家乐形式的乡村旅游模式，难以发展为大规模的旅游经营模式。在这种情况下，当地有关的政府部门应当对于乡村旅游的发展给予较大的支持，引导其健康的发展方向，为拉动其他产业的经济发展做出更大的贡献。

(二) 村集体牵头下的乡村旅游集体管理体制

村集体自治是《村民委员会组织法》所确立的一项基本的组织原则和社会管理原则，一般认为，村集体自治是农村特定社区的全体村民，根据国家法律法规的授权，依照民主的方式建立自治机关，确定行为规范，办理本社区内的公共事务和公益事业的社会自治制度。村集体自治权的内容包括选举权、决策权、管理权和监督权四大民主权利，以及村民、村集体经济组织和村民自治组织依法享有的在集体经济活动中自主经营、自我服务、自负盈亏的经济权利。其与行业协会组织最大的不同在于村集体自治可以拥有实际经营权，对参与农户进行收入分配。

1．完善村民组织与管理制度

村集体自治组织体系主要由村民会议、村民代表会议、村委会、村民小组等组成。其中，村民会议和村民代表会议是村级事务管理系统中的权力机构，村委会、村委会下属的各专门委员会以及村民小组是常设性的工作机构。这两大类机构在村民自治体系中扮演不同角色，承担不同职能。一方面，对于村中重大事项，必须由村民会议或者村民代表会议决定，而不能由村委会决定。村民会议作出决定后，村委会负责执行。另一方面，村委会要向村民会议或者村民代表会议负责并报告工作，并接受村民会议或者村民代表会议的监督。为了防止强工作机构、弱权力机构的关系模式走向极端，使村民自治的功能得到发挥，应促使二者之间保持协调与平衡。

2．消除公权力的不当干预

在我国村民自治的发展过程中，以乡镇行政权和基层党的领导权为代表的农村公权力往往过于强大，在缺乏约束和制约的情况下，不断膨胀和扩张，对村民自治进行不当干预，导致村民自治的空间不足。因此，有必要对农村公权力进行限制，逐步消除其对村民自治的不当干预，真正放权于社会、还权于农村，以促进村民自治的实现。

3．落实民主监督制度

要保障村民对村里重要事务的知情权、参与权、决策权、监督权。凡由支村两委议事会议议事、村民普遍关心的重大村务及处理结果情况，如村级财务，计划生育，宅基地安排与报批，用材林指标分配，救灾救济款物发放，城镇、农村低保对象的确定，项目承包，误工补贴等情况，要按规定时间、规定形式、规定程序如实公开，接受全体村民的监督。通过大喇叭、广播站和微信等各类媒介对村民进行村务公开，提高了政务公开的准确性和全面性，鼓励村民使用“微信问政”的方式发表意见与建议，提升了民主监督的实时性和时效性，也提升村民自治的积极性。

4．经营乡村社区(社群)

农村社会指的是，在农业生产方式的基础之上，聚集在一定地域范围内的农村居民所组成的一种社会生活共同体。该概念的提出是与传统行政村和现代城市社区相对的。与传统的自然村落和社队村组体制来说，农村社会要具有更大的弹性。新型农村社区既不是村庄翻新，也不是简单的人口聚居，而是要为缩小城乡之间的差距做出努力，提高乡村居民的生活水平，拉动农村的经济增长，在乡村中营造一种新形式的社会生活形态，让农村人享受到城市居民同样的公共服务，在充分享受现代健康与便捷生活方式的同时，又与土地始终保持联系。

随着时代的发展，农村社区的范围和概念也在不断更新，除了农民组成的社区外，还包括农民与外地人融合的社区以及由外地人组成的社区，比如一些具有文化感和主题性的文创村落，由于大量外地创客的进驻，带动了当地的旅游产业和休闲产业发展。这一类的乡村社区需要处理好外来居民与村民之间的关系，增加社区凝聚力，形成与当地村民互动发展的乡村社区，充分发挥外来居民的先进理念，带动村民共同发展。

三、政府管理体制

政府部门主要包括中央乡村旅游管理部门和地方乡村旅游管理部门，但目前我国专门处理乡村旅游事务的政府部门较少，一般由相关旅游部门负责。中央乡村旅游管理部门是国家旅游局，其主要职能是运用法律、经济和行政手段，对乡村旅游经济活动及其组织者进行控制、指挥、监督和管理，保证国家关于乡村旅游业发展的方针、政策、战略及规划能够实现。地方乡村旅游管理部门是各省、自治区、地(市)、县区的旅游委(局)或旅游业主管机构，其主要职能是运用法律、经济和行政手段，对本地区乡村旅游经济活动及其组织者进行控制、指挥、监督和管理，保证本地区乡村旅游业的健康发展。

乡村旅游工作是一项系统工程，需要发挥政府层面的多部门协作管理职能，实现政府横向部门和纵向层级的无缝衔接。农业、林业、水利、发改、财政、工商、公安和法院等部门协作共管。纵横有序、层级明晰、运行高效的乡村旅游体制将有利于营造优良的乡村旅游发展环境，为乡村旅游持续、健康的发展提供体制保障。

政府管理体制的构建应注重构造管理体系网络，在横向多方联动，构建顶层体制保障；在纵向延伸，通过四级管理体系提升管理效能。

(一) 横向联动多部门协作

多部门沟通协作的行政管理机制是乡村旅游管理的重要保障，有助于在顶层设计、统筹推进、联合执法、跨界协作等方面优化行政管理机构。在具体操作中，需要由各地方政府领导带头，强化组织领导，与农业、林业、水利、发改、财政、规划、公安和工商等横向多部门在乡村旅游建设方面进行协作管理，各司其职，通力协作，整合配套相关政策和资金，全力推进乡村旅游发展，强化行政管理效能。

通过梳理总结，各相关部门可以通过以下方式配合乡村旅游的管理工作，如旅游部门牵头编制地方乡村旅游发展规划，编排乡村旅游景区(点)线路，加强市场宣传促销，加强旅游服务设施建设和旅游从业人员培训。农业水利部门将乡村旅游纳入新农村建设和现代农业水利发展的整体布局，指导、扶持特色旅游村镇发展休闲农业、生态农业、观光农业。发展改革、财政部门将特色旅游村镇的基础设施建设、重点旅游项目开发纳入年度国民经济和社会发展计划统筹安排。各类银行、银监、证监、保监部门加大乡村旅游发展信贷支持力度，适度降低旅游企业贷款准入门槛。农办、工商、公安和法院部门加大星级农家乐的扶持培育力度，会同相关部门制订并推广乡村旅游有关的合同示范文本。交通部门支持重点休闲农业与乡村旅游景区(点)相关乡镇、村的农村公路建设。国土、林业部门切实帮助解决乡村旅游项目用地问题。环保部门加强对乡村旅游区(点)及周边生态景观的环境保护和治理。住房城乡建设和规划部门有序推进旅游村镇建设和规划，加强对旅游特色村庄建设和规划的指导，加大对旅游特色村庄基础设施和公共服务设施的建设投入。扶贫部门将具有旅游开发潜力的贫困村纳入旅游扶贫特色产业发展规划，集中各类扶贫资金给予重点扶持。其他部门要根据各自的职能，积极支持乡村旅游发展。

(二) 纵向建立多层级体系

纵向多层级的乡村旅游管理体制最容易被忽略，但各个层级相互配合、高效衔接管理是乡村旅游发展的关键。乡村旅游发展得较好的区域(如湖州)均设有自上而下的多层级管理机制。

因此，要设立乡村旅游管理机构。国家、省市要推动市、县(区)、重点乡镇(街道)和村(社区)设立乡村旅游管理机构，完善乡村旅游管理队伍，做到专人、专岗。在任务分配上，逐级细化分解乡村旅游发展任务，强化层级负责制，纵向分级能够有效推进乡村旅游建设和管理工作。做好乡村旅游的领导工作，建立乡村旅游发展协调机制，重点乡镇(街道)、村(社区)要配套一名副职领导分管乡村旅游，切实做好乡村旅游组织、协调、推进各项工作。各级管理机构负责向社会公布各级旅游部门的权利事项和责任事项，并明确旅游管理的事前、事中、事后监管制度。

第三节　乡村旅游环境的规划管理

一、乡村基础旅游环境的规划

(一) 建筑环境改造

乡村建筑具有极高的地域特色和观赏价值，是乡村旅游中给游客直观感受最为强烈的重要资源之一。因此在乡村建筑改造的过程中，要严格落实各项乡村旅游建设规范，通过废弃物清理、整治翻新乡村民居建筑、新建乡村休闲绿地等方法，保证良好的乡村建筑风貌。实施农村民居风貌改造工程，对农房的屋面、墙面、门窗进行全面改造，使之整洁美观、富有地方特色。通过“穿衣戴帽”“涂脂抹粉”美化提升“裸房”美观度。从简单追求外观形式上升到构建整体可持续的美丽乡村景观风貌。在开发建设中，要尽量减少人为痕迹，保持原生态自然风格，让美丽乡村既有传统村落的古朴，也有新农村的气息，打造原汁原味的美丽乡村。

山西省太原市董家庄的“缘山房”富有诗意，充满田园趣味。在传统的老窑民居内，设置了别致的陈设，简单又不失雅致，整体散发出艺术与乡土的完美结合。雕塑和绘画作品通过合理的搭配，让人一眼就可以看出用心的所在。这是多位艺术家共同用心打造的一块田地，虽然是在创建初期，没有全面完工，但是所散发出来的意境已经足够吸引人们的关注。当前，“留住乡愁”的情怀已经逐渐被渗入到了乡村旅游的开发和建设之中，这同时也是近几年乡村旅游景点获得成功的典型案例。缘山房别具一格的风格，正吸引着越来越多的游客，为董家庄带来了新的机遇，让乡村老宅焕发出了时代的生机。做山西的文化，而且是古老的文化、打造太原的艺术村落、营造一处心灵的家园、相聚更多的艺术同行和培养青少年一代，这是山西省乡村旅游建筑景观改造的目标。

(二) 景观风貌环境保持

乡村是人与自然和谐相处的体现，因此除建筑以外，乡村自然景观也是乡村核心吸引之一。但目前乡村开发中往往忽视了对自然乡土元素的保护，需要政府制定并实施生态环境景观管护制度，通过保护乡村元素、协调自然元素、增加现代便民服务元素等措施，提升农村的乡土景观品质，使乡村成为广大农民的幸福家园和城市居民休闲度假的好去处。景观保护中主要包括乡村景观元素和自然景观元素，对这两类元素需要采取不同的保护策略。

第一，乡村元素的保护。要选择恰当的改革措施，对乡村的山水田林路全面进行综合治理，加强对自然景观的保护，包括山体、水源、森林、田园、湖泊等。同时，不断对乡村的功能进行完善，使本地的田园风光能够完美展现在世人面前。需要注意的是，对乡村旅游水环境的保护要极为重视，采取有效的措施对乡村河道进行综合治理，维护水生态环境，保持河道的清洁。对山塘水库的治理，压迫定期进行清淤工作，对水库的容量不断进行扩张，保证水质的洁净。此外，严禁村民在池塘、湖泊和水库中投肥进行水产养殖，对水面的垃圾及时进行清理，回归水塘本来的清洁面貌。

第二，自然元素的协调。在对村落的山水进行专项治理的过程中，所采用的措施要保证生态性，房屋和围栏的构建要实现与周围山水环境的协调。采用生态环保技术对山体、河道和水塘进行保护，保证与自然环境的协调一致性。建设规划部门要严格把关，杜绝农民私自建房、砌围墙等出现与周边环境不协调的现象，避免在古建筑群中新建洋建筑，避免民族村落中建设小洋房。

(三) 卫生、服务环境改善

乡村地区经过多年的粗放发展，卫生条件仍未得到有效改善，这对于城市旅游者而言，是一个影响较大的负面因素。因此乡村地区需要围绕“干净”作文章，控制环境污染源头、科学处理生产生活垃圾、创新环境净化机制、抓好农村环境整治、全面改善乡村环境，加快推进美丽乡村的建设。治理乡村环境可通过以下举措来推行：

1. 控制垃圾源头

对乡村旅游中产生的生活垃圾的处理，要引导村民对垃圾进行分类，对可以循环利用的收集起来，不能再利用的就地消化。华容县五星村对垃圾的处理采用了“三池合一”的做法，提倡垃圾不出户处理，成为很多乡村旅游地的典型借鉴措施。乡村地区要设置垃圾回收箱，专门收集农业生产过程中产生的垃圾，尤其是对农药瓶、塑料地膜等生产资料废弃物，更要加强管控措施，防止产生大面积的污染情况。还要设置定点的堆放地点，对建筑建设产生的垃圾进行处理。在医疗过程中产生的垃圾，要做好相应的回收处理工作，防止医疗污染情况的出现。

此外，还要重点提升乡村旅游经营单位的餐饮、住宿游览、娱乐、购物、停车场所卫生水平，整改场地脏乱、餐饮加工和就餐环境不卫生、住宿场所卫生设施和环境不整洁、停车场所坑坑洼洼及垃圾乱丢弃、污水乱排放、家禽家畜乱排便等影响环境卫生的问题，做到“三无”：无暴露垃圾、无卫生死角、无乱堆乱放。

2. **科学处理废弃物**

根据乡村旅游地水文环境的不同，针对产生的垃圾和污水问题，要采用科学的方式进行处理，防止二次污染情况的出现。如果村落的位置距离城镇较近，那么在对垃圾和污水处理的过程中，就要充分实现对城镇垃圾和污水处理设备的运用，集中对其进行处理，防止其对生态环境的污染。对于那些地理位置较为偏僻的乡村来说，则可以通过采用“四池净化”方式和建“沼气池”的办法，来对生活中产生的污水进行处理。对于生活垃圾的处理，则可以采用填埋和焚烧的形式进行处理。此外，要大力推行卫生厕所的兴建，满足游人的需求，兴建“化粪池”，提高对人畜粪便的有效处理。在对垃圾和污水处理的过程中，要大量采用高新技术处理设备，减少处理垃圾过程中对生态环境造成的危害，实现对废纸、玻璃、金属等可回收垃圾的再次循环利用，加快实现对农村垃圾的无害化处理。

3. **创新垃圾处理机制**

以山西省为例，2016出台的《山西省农村垃圾治理实施方案》指出，加大乡村垃圾处理专项费用，用于农村清扫保洁队伍配置、垃圾清运车辆购置、垃圾中转站和处理设施建设。省级补助资金主要用于全省清扫保洁人员的工资补助和对各县以奖代补；市级补助资金主要用于垃圾收集清运设备的购置和设施建设；县级补助资金主要用于设施设备运行和农村积存垃圾清理等。在规模养殖场增加专项资金，用于配套建设畜禽粪污原地收储、转运设施，完善具有“三防”功能的固体粪便堆肥场建设，特别是固定粪便集中处理中心的建设经费专项，推动建设有机肥加工厂。落实住房城乡建设部、山西省人民政府、国家农业发展银行签署的战略合作框架协议要求，编制年度项目实施计划和年度融资方案，推进与农业发展银行的融资合作，在农村垃圾治理项目建设中引入“企业投入、政府购买服务、金融信贷支持”的PPP等模式试点，创新政企合作模式。各地要按照“渠道不乱、用途不变、统筹安排、形成合力”的要求整合使用相关专项资金，通过引进民间资本、鼓励社会帮扶、争取金融信贷支持等方式，拓宽资金渠道，建立政府投入为主、社会投入为辅的多元投资机制。有条件的县(市、区)可探索建立住户付费、村集体补贴、财政补助相结合的机制，引导农民出资、出力承担一定的村庄保洁义务，不得强制或变相摊派，增加农民负担。

(四) 增加现代便民服务元素

在乡村旅游发展中要适当增加现代便民服务元素，例如架设节能路灯、设立乡村旅游景点与服务设施指示牌，对大型的墙体广告标牌予以清除，保证村容的整洁。此外还要对商业经营场所的招牌进行规范化设置，实现乡村的整洁和美观。对农村进行网络改造的过程中，要对当地的资源进行全面的整合，对农村内各种网络的设置要做到规范并且有序。

(五) 提升人文环境

乡村旅游中，人的因素不可忽视。乡村性不仅仅体现在建筑与自然间，更体现在人文环境里。乡村地区美好的人文情怀和高素质的旅游服务是乡村旅游品质化发展的关键。

提升人文环境可引导村民崇德向善、见贤思齐、邻里守望互助，促使整个乡村风醇物厚，淳朴民风与人文之美相映生辉。众所周知，运城市关公的故里，在每年的十月份都要举办名为“关公文化节”的大型旅游节庆活动。每年开幕式的活动都会请专业的人员进行设计，确保开幕式的精彩与浩大的声势。在节庆活动过程中，会举办气势恢宏的“金秋大祭”、设祭坛、齐三牲、鸣古乐、着古装等活动，整个活动过程形式独特，气氛浓厚，吸引了国内外大量的游客前来参观和游玩。此外，还将有多次出访国外，令国际友人倾倒的天下第一鼓的绛州鼓乐和参加第七届亚运会开幕式的绛县“飞龙”等文艺表演，让游客领略关公故乡的民间文化风采和关公文化的底蕴。

二、乡村旅游景点环境设计

由于城市的喧嚣、竞争的压力、钢筋水泥的压抑，人人都有返璞归真的欲望，向往“采菊东篱下，悠然见南山”的怡然自得的田园生活。但假如真的移居空气清新、依山傍水的郊外，又不免会怀念起都会的摩登和繁华。可无论身处喧嚣都市还是宁静乡村，“家”永远是梦想的发源地。

田园生活最吸引人之处，在于宁静的休闲空间，可以放松精神，这与家居设计的理念不谋而合。于是，充满着户外气息和大自然味道的田园风格设计便被引入了乡村旅游点总体设计之中。随着乡村旅游业的深入发展，我国乡村旅游呈现出一些新的发展趋势，比如“乡土化、多样化、品牌化、规范化、国际化”已经成为旅游经营者的共同目标；由生态观光向休闲度假转型；与新农村建设相协调；与“低碳旅游”的发展相适应；与休闲农业相结合；等等。这就要求乡村旅游点在环境设计上必须与此相适应。

简洁大方的布置，纯正、淳朴的乡土色彩，在乡村旅馆的装潢风格上有了很好的运用。田园风格不讲究细腻做工，却注重质朴的自然美，对木材的原有木纹和色泽，不加任何装饰和覆盖。

清新的田园风倡导“回归自然”，美学上推崇“自然即美”，在今天环保意识增强、强调无污染的情况下，这种简朴风又有回潮趋势。随着人们对于生态环境问题的关注，很多先进的生态生活方式逐渐进入到人们的生产和生活当中，日益影响着人们的思想观念。因此，乡村旅游在开发建设的过程中，也可以将“低碳”作为旅游的主题，构建与开发低碳的旅游基础设施、旅游体验环境、乡村旅游产品等，倡导游客进行低碳消费，将“低碳”作为乡村旅游的特色，满足游客的“低碳”需求，进而吸引大量的游客前来参观和体验。“2010 长三角乡村旅游论坛”引入“低碳”概念，呼吁业界人士从应用绿色低碳的资源开发模式做起，将环境保护和旅游业发展作为平行目标，使乡村旅游业得到文明健康的发展，同时呼吁市民爱护地球，以低碳、绿色、生态的旅游方式出行。

(一) 乡村旅游点外环境设计风格

“漠漠水田飞白鹭，荫荫夏木啭黄鹂。”这是唐代诗人王维笔下的水乡之景，也是很多人梦想中的生存意境：放眼望去是潺潺的流水，道旁的水车吱吱呀呀地转，耳侧回响短笛牧歌。毫无疑问，田园，是人类的心灵故乡，那些流动的水、盛开的花、清新的空气、芬芳的泥土是那样的温暖和熟悉，令疲惫的身心得到真正的慰藉和放松。乡村之美，应该是一种恬静的美、淡雅的美。乡村旅游环境设计应该传承这种自然美。

(1) 建筑。

建筑物应具有地方特色，建筑风格必须与当地民宅风格相一致，充分体现当地民俗民风，实现与周围环境的和谐统一，全面展现自然的美感。例如，在建设房屋的过程中，可以采用青砖黑瓦的材质来对房屋进行设计和搭建。江南乡村多竹，可充分利用得天独厚的竹资源进行营构建筑，体现中国竹乡特色。檐下挂上串串红灯笼，渲染一种安静祥和与喜庆的情调。在门前的庭院内，可以搭起整齐的藤架，然后再种植一些农家瓜果植物，选择恰当的枯藤景石搭建雅致的盆景放置院落各处，使小院整体上朴实与优雅共存。此外，农家小院少不得要添加一些传统农具，显示出农耕生活的风土人情，凸显当地的文化特色。例如，犁、蓑衣、木质脸盆、水桶、洗脚盆、风车、磨子等。窗边挂满辣椒、玉米、瓜果等农产品，象征丰收的景象，呈现真正的山地乡村特色，让游客体验真正的乡土风貌。

(2) 门前屋后。

在门前屋后的小路上也要进行装饰，一般就是在上面铺设鹅卵石，直至延伸到小树林或是竹林当中，整体构造成静谧、幽深的感觉。将几把特制的竹椅，摆放在林中搭建的茅草屋下的亭子里，专供游客进行休息或是聊天喝茶使用，聆听涓涓流水和鸟儿鸣叫的空灵。搭建竹制的篱笆墙，将兰草、菊花等种植在篱笆脚下，然后在篱笆内再种上应时的四季瓜果蔬菜，从整体上带给人郁郁葱葱的感觉，让人感到一片农家生机，让前来居住或参观的游客真正体验到乡村田园生活的温馨和浪漫。

(二) 旅游景点内环境

1. 旅游景点内环境的设计方法

(1) 轴线法。

轴线法是常用的旅游景点内部环境设计方法。任何设计方法无非是不同要素之间的组合形式。轴线结构可以让人从视觉上获得强烈、明显的视觉效果，所营造出来的景观效果具有规则，带给人的景观感觉更加庄重、开敞和明确。通常情况下，使用轴线法对旅游景点进行设计，其特点是由两条相互垂直的直线组成，在全局的景点结构上形成“十字架”的构图形式。然后在两条主轴线上再派生出多条次要的轴线，通常最终会形成左右结构的对称，呈现垂直或是放射状分布。甚至有的在使用轴线法对景点布局的过程中，还会呈现出上下、左右对称的情况，其最终的布局结构会带给人强烈的视觉冲击性。一般来说，那些大型、庄严气氛的旅游景观类型在对园林进行布局的过程中，通常会选择轴线法。

(2) 山水法。

以中国古代山水欣赏理念为代表的自然、舒适风格的景观设计风格也是景观设计的典范。日本以及亚洲其它国家的乡村景观普遍沿用这种技巧。17 世纪以后，英国等其它欧洲国家受中国自然山水园林布局的影响，也多有采用。

山水法造景，一般“地势自有高低”，那么“高方欲就亭台，低凹可开池沼”；即使原地形较平坦，也“开池浚壑，理石挑山”。用一句话概括，“挖湖堆山”法。

“构园无格，借景有因”。所以，山水法的园林布局“巧于因借”，“精在合宜”。因借，“借”者，“园虽别内外，得景则无拘远近”。借外景，也就是“晴峦耸秀，绀宇凌空，极目所至，俗则屏之，佳则收之，不分町疃，尽力为烟景，斯所谓巧而得体者也。”《园冶》的这段关于“借”的论述有几层意思：一是借景可分园内借和园外借；二是凡是人的视线所及，必须做到收进美好能成景的形象。另外,《园冶•卷三•十•借景》指出：“构同无格，借景有因”“夫借景，林园之最要者也。如远借、邻借、仰借、俯借、应时而借”。

(3) 综合法。

综合法也是人们在对旅游景观进行设计的过程中经常会使用的一种构景方式，由于该方法处于轴线法和自然山水法之间，因此又被称为是混合景观。随着我国改革开放的不断深入，西方的旅游景观设计的方式也不断流入我国，与我国传统的构景方式相融合，二者取长补短，在实践的过程中可以使景区的构景显得更加灵活多样，夺人眼目。由于文化交流、思想沟通逐渐深入，科学日益进步，社会不断发展，现代文化生活趋于近似。中国近代、现代城市公园的设计，逐渐形成现代中国自然山水景观风格。

2．旅游景点内环境设计的主要要素

(1) 堂屋。

堂屋(客厅)是客人比较关注的场所之一，沙发和茶几是堂屋待客交流及游客欢聚畅叙的物质主体。堂屋的设计要烘托出宾主和谐、融洽的气氛。因此堂屋在设计时应该凸显地方特色。例如，可以将对联贴在堂屋的大门上，为屋子增添节日的气氛。同时要确保堂屋的光线充足，可以将一些书画作品或是本地的风景照片布置在四周的墙壁上，尽显美观与大方。在堂屋摆放具有当地特色的农家桌椅，供游客进行休息，将乡村旅游景点的宣传物品和服务项目价目表，以及景点的介绍、交通工具的时刻表等摆放在堂屋明显的位置上，便于游客的查阅和出行。

(2) 堂屋的装潢设计。

根据游客的喜好，可以将堂屋的设计风格进行多元化设计。总体上来看，堂屋的设计风格可以分为传统和现代两种方式。其中，传统的装修风格主要是将传统装饰的形式和神韵运用到室内的布置、线型、色调、家具及陈设的造型等方面。而对于现代装修风格来说，在主题设计上注重自然流畅的空间感，秉承简洁和实用的原则，实现人与空间的完美契合。

从堂屋的采光设计上来看，白天主要是以自然采光为主，晚上则是通过人工照明的方式来进行采光。这也是现代建筑采光设计的主要形式。

在对堂屋进行装潢设计的过程中，最为重要的一点是，装潢风格必须要体现出主人的个性。对于房屋的装潢，不仅要考虑到实际的日常用处，还要考虑到游客的生活习惯、审美观和文化素养，这都要在进行装潢之前就考虑周全。在堂屋的设计上，可以适当摆放盆栽植物，可以增添自然的气息。与其他的屋子相比较，堂屋的使用频次较高，因此在对其进行设计的过程中，不仅要考虑到视觉效果，触觉效果同样也要做到最佳，要重点设计墙壁和地板的结构。根据使用材料的不同，可以展现出墙面不同的质感，给游客以不同的享受。对家具的摆放，所以使用规则式和自由式两种陈设方式。如果堂屋的空间较大，则可以采用分散的方式对家具进行摆放；如果堂屋的空间较小，则可以将家具的摆放集中起来。

(3) 客房设计装潢。

在对客房进行设计装潢的过程中，要注重功能与形式的统一，体现简明、优雅、舒适的设计风格。设计师在对客房进行设计的过程中，可以追求时尚，但不要过于浮躁的设计，从整体上打造轻松浪漫的感觉，让使用者可以放松身心。

在客房装潢的使用材料上，可以选择将多元化的材料相融合，大胆运用几何造型，体现出韵律感和灯光造型的立体化呈现。在卧室空间的设计上，主要营造一种温馨柔和的氛围。卧室设计的重点应当放在床头背景墙上。在设计的过程中，可以采用点、线、面等要素有机结合的方式来进行装潢，从整体上确保造型的整体统一性，典雅又不失新颖。采用柔情温馨的方式来对窗帘帷帐进行布置，在微风的吹拂下，展现轻柔摇曳的风姿，再加上优雅的配色，为游客展现一种温馨的气息。客房灯光的设计也是装潢关注的重点，对灯光的摆放要从多个不同的角度进行设置，体现灯光的立体造型，展现生活的丰富多彩。

总之，乡村旅游点的人文建筑艺术与居住环境的美化具有深刻的意义，实际上，一切有关整体文化环境知识对于发掘乡村建筑环境艺术文化都是有益的，例如关于历史、地理、民风民俗，等等乡村旅游点内外环境的布置与装潢既要传承传统又要结合现代，其中还有很多值得我们深挖的东西。

第四节　乡村旅游管理政策优化

一、政策要素在乡村旅游中的作用

(一) 保证资金供应

资金是制约行业发展的根本性问题之一，在乡村地区旅游产业发展的过程当中，资金扮演的角色十分重要。农村地区基础设施建设薄弱，吸引投资的能力有限，因此，国家的政策引导与支持成为乡村地区发展旅游产业资金来源的最可靠保障。如果没有国家的政策保障，农村地区旅游发展将很难开展，资金缺乏将导致特色旅游资源难以得到开发。

(二) 提升基础设施建设水平

基础设施是旅游发展基础性保障要素之一。就旅游行业而言，基础设施主要包括交通设施、环境卫生设施、通信设施以及旅游景点周边服务设施等，如果这些要素得不到发展，旅游活动发展的基础将得不到保障。在国家政策的引导和支持下，农村地区的交通条件、环境卫生条件、通信条件以及服务条件能够得到很好的改善。

(三) 保证农村旅游用地

乡村旅游是当前和今后旅游业发展的重点领域,也是旅游扶贫的关键抓手。土地政策对乡村旅游的影响渗透到乡村旅游发展的整个过程和全部层面，乡村旅游发展也在一定程度上推动着农村区域土地政策的完善。在不突破用地红线的大前提下，通过积极推进乡村旅游用地改革、拓宽用地审批渠道、加大用地供应、促进土地集约高效利用等措施，将有效解决农村土地使用分散性和旅游经营集中性的矛盾，支撑促进乡村旅游的快速发展。

二、政策扶持，促进农村旅游发展

(一) 财政引导，改善乡村旅游发展的物质基础

1. 加强财政资金支持

加强财政资金支持的首要任务是争取专项拨款，争取国家和省市加大财政资金扶持力度，设立乡村旅游发展专项资金，主要用于项目规划、形象推广、市场开拓、设施建设等。积极策划和筹备一批既符合国家、省市投资重点，又体现当地特色的乡村旅游项目，争取专项奖励与补助资金。

在此基础上，统筹利用多类资金，包括国家和省市级支持服务业、中小企业、新农村建设、林业发展、环境保护、扶贫开发、文化遗产保护以及其他与旅游业相关的专项资金，抓好政策组合拳，对符合条件的旅游项目予以倾斜。各类农业示范基地、水利风景区、森林公园、文化体育等建设资金要注重与重点乡村旅游项目建设融合使用。

与此同时，建立资金使用管理绩效评价机制，逐步将重点乡村旅游区的农村公路养护、环境整治、基础设施建设(水、电、宽带、停车场、厕所)等资金纳入地方财政预算，中央财政给予差异化奖补，推动各级政府实行资金使用管理绩效评价机制，完善预算编制管理，将绩效目标作为申报项目预算的前置性条件，提升财政资金使用效能与规范性。

2015 年，山西下发 2 000 万元乡村旅游和旅游扶贫补助资金，筛选了 32 个乡村旅游扶贫试点村；另外，山西省旅游局多次开展乡村旅游培训活动，把新理念、新信息、新知识带到农村；山西省还确定了 36 个“中国乡村旅游模范村”、30 个“乡村旅游模范户”、273 个“中国乡村旅游致富带头人”、274 个

“中国乡村旅游金牌农家乐”名单。截至2016年底，全省已有32个休闲农业和乡村旅游示范县，180多个休闲农业和乡村旅游示范点，10 000多个农家乐、乡村客栈和休闲农业园。2016年，乡村旅游接待游客6 000多万人次，旅游收入近130亿元。

2. 引导市场资本进入乡村旅游产业

可通过采取以下各种方式，激活社会金融资本，引导和支持社会金融资本参与到乡村旅游开发建设。

(1) 强化政策奖励引导。

充分发挥财政资金引导作用，以及各类旅游资源交易平台的产权交易和投融资功能，以先建后补、业绩奖励、风险补偿、贷款贴息等方式，吸引社会资本，兴办各种乡村旅游开发性企业和实体。

(2) 设立乡村旅游投资基金。

支持财政和大型企业、金融机构联合建设乡村旅游投资产业基金，引导更多社会资本投入乡村旅游产业的提升改造、旅游产业融合和新业态、新产品开发，以及重大乡村旅游项目和重要旅游服务设施建设，推进乡村旅游产业转型升级。

(3) 推广PPP投融资模式。

支持企业与政府、社会资本合作，政府选择合适的社会资本方，并指定乡村旅游项目建设实施单位，三方共同组建项目公司(SPV)，开展乡村旅游项目的规划、设计、投融资、建设、运营，对社会资本进行回报，并将政府的支出责任纳入财政预算。

(4) 鼓励农民集资入股。

鼓励农村集体以土地的租赁、承包、联营、入股合作等方式，参与到乡村旅游投资开发。探索农户以房屋、土地、果蔬园等入股，参与农家乐、果蔬采摘园、休闲农庄等乡村旅游项目建设经营。改革乡村旅游景区(点)经营体制，引进社会资本，优化提升一批具有影响力和竞争力的乡村旅游景区(点)。

(5) 鼓励本土实力企业拓展旅游业务。

重点引导本土有实力的企业拓展乡村旅游投资开发类业务，或向乡村旅游方向转型。鼓励其投资休闲农业与乡村旅游景区(点)、旅游项目、商业网点以及服务接待、交通运输等设施的建设和经营。

3．加强银行、金融机构信贷支持力度

国务院多次提出“加大对小微旅游企业和乡村旅游信贷支持”的指示，各地方可通过四大举措落实乡村旅游的信贷支持政策。

(1) 发放政策性优惠贷款。

贫困地区可将休闲农业与乡村旅游纳入扶贫开发贷款扶持范围。鼓励地方政府与农业银行、农村信用联社、农业发展银行、邮政储蓄银行等金融机构，达成“乡村旅游发展贷款项目”合作协议，发放低息、周期长的政策性优惠贷款，支持乡村旅游投资建设。

(2) 鼓励金融机构创新贷款产品。

鼓励商业银行、保险公司等金融机构开发面向乡村旅游的信贷、保险产品，如农家院贷款产品、小微民宿贷、金融众筹等，在信贷的投放上要逐渐扩大投放力度，支持乡村旅游企业的发展，适当降低其贷款的要求标准，鼓励乡村旅游产业的发展。

(3) 鼓励开展小额担保贷款业务。

针对乡村旅游企业和中小旅游企业的贷款，要制定专门的贷款政策，成立相应的贷款担保机构，全面支持乡村旅游产业的发展，为经营休闲农业与乡村旅游项目的农户提供担保服务，鼓励其对小额担保贷款的申请，由政府出面，对其给予一定费用的补助，或是通过制定优惠政策的方式鼓励乡村旅游小额贷款的发展。此外，还可以采用互助联保的方式，来鼓励乡村旅游经营户进行小额融资。

(4) 开展多样化的抵押贷款业务。

鼓励各大金融机构开展乡村旅游抵押贷款业务，扩大乡村旅游的贷款抵押范围，包括旅游企业建设用地、门票抵押、景区开发权抵押、水域滩涂养殖使用权抵押、林权抵押、养殖物抵押等，扩大乡村旅游的融资渠道和规模。

4. 税收优惠，改善农村旅游发展环境

(1) 完善乡村旅游所得税优惠政策。

制定鼓励大学生到乡村旅游企业就业的个人所得税和企业所得税减免的政策；适时将乡村旅游农户所得税的税收优惠政策的受惠时限改为从开始获利的年度起；因地制宜地根据乡村旅游淡旺季调剂税率、实行营业税优惠政策；对从事乡村旅游的符合条件的小型微利企业，按规定执行小型微利企业所得税优惠政策。

(2) 完善地方税收优惠政策。

对土地流转入股参与到乡村旅游开发的农户，减免营业税；对于改善农村和农业的水、电、路、通信工程的企业适当进行税收减免，改善乡村旅游企业发展环境；经批准改造的废弃土地和开山整治的土地，从使用的月份起免缴 5 年的城镇土地使用税；对利用个人出租住房经营乡村旅游的，免征印花税；对经营采摘、观光农业等乡村旅游项目的单位和个人，其直接用于采摘、观光的种植、养殖、饲养的土地，免征城镇土地使用税等。

(二) 加快扶贫，改善乡村旅游发展基础环境

1. 拓展融资渠道，增加资金来源渠道

针对贫困地区的乡村旅游发展，政府应制定专项的政策措施，增加财政预算拨款，同时制定多项税收优惠措施，为乡村旅游的开发提供财政补贴和贷款补助，为贫困地区乡村旅游的发展解决资金缺少的问题。

在贫困地区具备多项旅游资源的基础上，建立专项旅游扶贫整合机制。扩展乡村旅游资金的渠道来源，加入政府扶持资金、银行贷款资金、社会投入资金和个人投资，为贫困人口乡村旅游的发展提供强大的资金保证，确保乡村旅游的顺利实行。此外，旅游扶贫部门还需要将不同来源渠道的资金进行全面的整合，提高对资金的使用效率，设立专项乡村旅游扶贫产业基金，实现对资源的全面整合，实现资源效用的最大发挥。

为贫困地区乡村旅游的发展设置专项优惠政策。对相应的金融机构进行协调，针对贫困人口的贷款要求适度进行下调，针对贫困地区乡村旅游贷款需求建立专门的小额贷款渠道，设置低息贷款政策，并延长贷款的时间。针对在贫困地区发展乡村旅游的企业，在乡村旅游实际运营的过程中，对所提供的旅游产品和服务可以适度降低税收，全面支持乡村旅游的发展。

拓宽乡村旅游融资渠道，鼓励社会资本的参与。在贫困地区乡村旅游开发的过程中，允许社会各界资本的投入，制定对口帮扶和定点联系帮扶等政策措施，引起社会各界对贫困地区的关注，并加大对当地的各项资源投入，切实拉动贫困地区的经济发展。

2. 依托地区特色，培育区域特色产业

在对贫困地区的经济发展进行扶持的过程中，必须要因地制宜，在贫困地区自身拥有资源的基础之上，开展专项性的扶贫帮助。对贫困地区的资源进行全面的研究，确定在扶贫旅游过程中所需要的资源，然后以旅游开发企业为带头，对贫困地区旅游发展缺少的资源进行全面的培育，包括种植业、养殖业、副食品加工业、手工艺品加工业等，以此来构建完整的乡村旅游产业链，确保乡村旅游扶贫项目的顺利实施。

扶持贫困地区乡村旅游的发展，为其构建完整的产业支撑，具有多方面的优势。第一，可以增加旅游扶贫产品的本地特色，提高本地扶贫产品的自给功能，从而降低旅游经营成本，提高乡村旅游产业的收益，增加当地农民的收入。第二，可以提高旅游扶贫地区产品的附加值，积极引导当地的农民参与到乡村旅游的建设中，在乡村旅游经营的过程中，可以切实为当地的村民带来经济上的益处。

(三) 土地改革，为乡村旅游发展提供基础性保障

1. 改革乡村旅游用地制度

发展乡村旅游，会涉及大量的农村集体土地和少量国有土地。农村集体土

地包括农民集体所有的农用地、未利用地、宅基地、公益性公共设施用地和经营性用地，以及农民集体使用的“四荒地”和农民集体经济组织所有的“四荒地”等。

乡村旅游发展可用的少量国有土地包括城郊、林地等。一般来说，国有土地出让的调整方式主要有两种。第一，综合技术标，在土地实际进行出让之前就对该地所具有的功能进行全面的布局，然后在此基础上对想要投标的企业进行综合评定。第二，如果土地的购买者想在该块土地上发展乡村旅游项目，那么在土地的出让价格上可以给予购买者更多的优惠，并且在招商项目选择中，要给予乡村旅游项目更大的发展空间。

此外，重点旅游市、县还应积极推广借鉴浙江、桂林等地的做法，选择重点旅游市、县(区)开展改革试点建设。改革试点方向有：城乡建设用地增减挂钩试点，坡地村镇建设用地、点状供地、闲置宅基地整理结余的建设用地可用于休闲农业，乡村旅游项目中未改变农用地、未利用地、未固化地面、未破坏耕作层的生态景观用地，可按实际地类管理，不办理农用地转用手续等。

2．拓宽乡村旅游用地审批渠道

乡村旅游用地审批渠道并不是单一的，可以通过各级政府的灵活处理而得以拓宽。如规划乡村旅游用地需求，由乡村旅游领导小组出面与国土部门协调或报市政府，提前对乡村旅游用地予以审批；各区(县、市)国土资源部门每年拿出一定的乡村旅游用地指标，由旅游局根据乡村旅游规划、根据轻重缓急进行审批；对重大乡村旅游项目，积极纳入上级行政单位旅游重点项目，从上级行政单位申请用地审批；发展乡村旅游涉及建设永久性餐饮、住宿用地的，支持依法办理农用地转用等审批手续等。

3．提高乡村旅游用地供应总量

乡村旅游的开发建设用地需求量大，乡村旅游用地供应总量的缺失需要采取政策措施来解决，以提高用地供应总量。本书认为主要包括三类措施：

首先，预留或增加用地指标，为旅游配套的公益性城镇基础设施建设用地按照划拨方式提供，编制和调整各地方城乡土地利用总体规划、城乡规划时，充分考虑休闲农业项目、乡村旅游项目、旅游公共设施的空间布局和建设用地要求，并给予指标倾斜。重点旅游市县每年安排切块用地指标不少于10%用于乡村旅游项目建设(如浙江省湖州市安吉县出台规定“每年安排切块用地指标不少于15%用于乡村旅游项目建设”)。

其次，加强荒地开发利用，海域、水域、滩涂区域要优先发展垂钓、渔家乐和养殖观光旅游，鼓励开发利用荒山、荒地、荒滩及石漠化、边远海岛等土地。

最后，要协调重点项目用地，采取重点项目清单制度，将需要建设用地指标的重大乡村旅游项目纳入建设用地协调清单，与土地利用总体规划、土地利用年度计划进行对接与协调。尝试利用附属设施用地以及配套设施用地建设露营地、旅游服务设施等，加大旅游用地供给。

4. 促进乡村土地集约高效利用

节约、集约利用土地是我国土地管理的一项最基本的规定，也是有效保障乡村旅游用地的一种方法。本书认为应从四大方向着手，确保乡村土地的高效集约利用：

一是要统一规划建设。探索发展由村集体统一收购(租用)、统一管理闲置农房的模式，统一规划利用闲置农村宅基地，共享公共设施用地，减少重复建设与浪费，鼓励发展树屋、森林氧吧、帐篷营地、房车营地、亲子乐园等占地需求较小的旅游项目。

二是要专业开发运营。吸引专业公司开发、经营进入门槛相对高的乡村旅游项目，如精品民宿、度假农庄等，保障乡村土地的集约化利用。

三是要存量用地盘活。对于已批未建或建设缓慢的乡村旅游用地项目，要积极盘活，严格督促项目开发建设进度，执行建设用地逾期未建设即收回的机制，提高每一寸农村土地的利用效率。

四是要争取一地多用。充分利用新农村建设、生态建设、农田保护整治机会，探索旅游“一地多用”方式，将乡村公共设施用地与旅游服务用地相结合，最大程度地节约、集约农村地区的土地资源。开发未利用地，引导乡村旅游企业参与土地整理，实现旅游发展、土地利用的双优化；在现有农村用地中植入旅游化、景观化理念，打造稻田艺术、花卉迷宫、特色村落等不占建设用地的乡村旅游项目。

第六章　乡村旅游支持系统的规划

乡村旅游支持系统是为乡村旅游的发展提供支持的综合性保障体系，它能够为乡村旅游的发展提供良好的硬件资源、优质的软件服务以及可靠的人才保障。乡村旅游支持系统对乡村旅游的发展至关重要，不仅为扶植乡村旅游的发展提供了方向，还是保持乡村旅游吸引力与发展活力的重要保障。从目前来看，我国的乡村旅游还存在很多问题，乡村旅游的发展需要构建完善的支持系统。

第一节　行政支持——乡村旅游发展政策

一、国家乡村旅游政策现状

在我国乡村旅游发展过程中，各级政府部门积极制定并实施了多种多样的乡村旅游政策，主要包括财政政策、税收政策、信贷政策、土地政策、用水用电政策、采购政策等等，具体内容涉及简化审批手续、降低收费标准、税收优惠、信贷服务、编制规划或补助规划经费、奖励示范典型、用地支持、扶持宣传促销以及环境监管与整治、基础设施建设、人才培训等，对于推动乡村旅游的发展发挥了较大作用。

截至 2016 年 5 月，我国乡村旅游政策文件主要有新农村建设政策、导向性政策、农游合一政策、宣传政策、行业建设政策、资金政策、基础设施建设政策以及旅游扶贫政策。

20 世纪 90 年代末期，中国旅游主题年的内容开始和农村发生紧密的联系。1998 年“华夏城乡游”拉开了乡村旅游大发展的序幕。1990 年推出“生态旅游年”，提出“返璞归真，怡然自得”的旅游口号，鼓励更多的中外游客深入中国社会的基层，尤其是农村，去寻找独特的体验，挖掘更深层次的旅游内涵。2001年，国家积极倡导开展“工农业旅游”，并于2008年公布实施《全国工农业旅游示范点检查标准试行》，加快创建全国农业旅游示范点的工作，得到了各地旅游部门的高度重视和农业旅游单位的响应。2004年，国家旅游局公布首批工农业旅游示范点名单，授予306个单位为“全国农业旅游示范点”，我国乡村旅游的发展开始走上制度化的轨道。2006年被国家旅游局确定为“中国乡村旅游年”，宣传口号为“新农村、新旅游、新体验、新风尚”，这是继1998年我国推出“华夏城乡游”以及2004年首次公布农业旅游示范点之后，国家旅游局再一次将“乡村旅游”这个主题作为旅游发展的战略目标，其目的是推动乡村旅游更快更好地发展。2007年国家旅游局、农业部《关于大力推进全国乡村旅游发展的通知》指出，“使已有乡村旅游项目得到明显提升和完善，基本形成种类丰富、档次适中的乡村旅游产品体系和特色突出、发展规范的乡村旅游格局，并且决定实施乡村旅游百千万工程”。

2007年，国家旅游局制定《全国乡村旅游发展纲要(2009-2015年)(征求意见稿)》提出，未来对乡村旅游产业的建设，要实现品牌化的发展，在全国范围内进行推广，培育成为社会消费的热点产品。要不断对乡村旅游的基础设施建设进行完善，对乡村旅游产品进行深度加工，提高其附加值。同时建立乡村旅游产业发展专项基金，专门为乡村旅游的开发提供资金上的支持，满足乡村旅游开发在基础设施、生态环境保护以及导游培训等方面的资金需求，并为乡村旅游的发展提供贷款贴息或是补贴。

2012年，国务院印发《关于服务业发展“十二五”规划的通知》，提出在未来乡村旅游、文化旅游和休闲度假旅游的发展中，要大力进行推广，切实保证《全国乡村旅游业发展纲要》的推广和实施，在全面范围内培养并建立乡村旅游和休闲农业示范村，加强对乡村旅游基础设施的建设，并提供大力的支持。

2015年，《国务院办公厅关于进一步促进旅游投资和消费的若干意见》提出，对乡村旅游的发展要进行优化升级政策，进一步开发乡村旅游产品，从而对乡村旅游消费的空间不断进行扩展，始终坚持乡村旅游的个性化和特色化发展方向，全面加强对乡村旅游和休闲旅游的基础设施建设，并为其提供资金上的支持，切实推进乡村旅游扶贫政策的实施，改变贫困地区落后的经济形态，依靠旅游的发展提高当地人民的收入，改善当地的生活状态。

上述乡村旅游政策是当前开展乡村旅游、农业生态旅游、休闲农业旅游等旅游项目的纲领性指导文件，为促进乡村旅游的健康发展提供了制度保障，详见表6-1。

表6-1　国家乡村旅游政策整理

时间(年)	政策名称	内容要点
新农村建设政策		
1993	《中共中央、国务院关于当前农业和农村经济发展的若干政策措施》	在各级政府统一规划下，积极发展乡镇企业，进行合理开发，发展矿业、建材、小水电和旅游等资源型产业
1997	中共中央、国务院关于转发农业部《关于我国乡镇企业情况和今后改革与发展意见的报告》的通知	要优化投资结构，积极发展商业、交通运输、饮食、旅游、服务、信息等第三产业
2000	《国务院关于做好2000年农业和农村工作的意见》	结合小城镇建设，积极发展商业、饮食、服务和旅游等第三产业
2007	《农业部关于加快发展农村一村一品的指导意见》	积极发展农村二、三产业和乡村旅游业
2007	《中共中央、国务院关于积极发展现代农业扎实推进社会主义新农村建设的若干意见》	大力发展特色农业，尤其要重视发展园艺业、乡村旅游业
2007	《国家发展和改革委员会关于印发全国农村经济社会发展"十一五"规划的通知》	积极发展乡村旅游，以此推动农村第三产业的发展，增加农民收入
2007	《中共中央、国务院关于切实加强农业基础建设进一步促进农业发展农民增收的若干意见》	要通过非农就业增收，提高乡镇企业、家庭工业和乡村旅游发展水平

续表

时间(年)	政策名称	内容要点
2008	《中共中央关于推进农村改革发展若干重大问题的决定》	推进农业结构战略性调整，因地制宜发展特色产业和乡村旅游业
2015	《农业部关于扎实做好2015年农业农村经济工作的意见》	推进“一村一品”强村富民工程；认定第五批全国一村一品示范村镇；继续开展乡村旅游示范创建和中国最美休闲乡村推介
2015	《国务院办公厅关于加快转变农业发展方式的意见》	研究制定促进休闲农业与乡村旅游发展的用地、财政、金融等扶持政策；提升休闲农业与乡村旅游示范创建水平，加大美丽乡村推介力度
2015	农业部国家发展改革委国家民委民政部国家林业局国务院扶贫办《关于实施开发农业农村资源支持农民工等人员返乡创业行动计划的通知》	鼓励返乡创业人员以农耕文化为魂、以美丽田园为韵、以生态农业为基、以创新创造为径、以古朴村落为形，充分开发乡村、乡土、乡韵潜在价值，发展休闲农业和乡村旅游
2015	《关于结合新型城镇化开展支持农民工等人员返乡创业试点工作的通知》	鼓励返乡人员发展休闲农业、林下经济和乡村旅游，促进农村地区一二三产业融合发展
2016	《农业部关于扎实做好2016年农业农村经济工作的意见》	实施休闲农业和乡村旅游提升工程，深入推进公共服务设施和美丽乡村建设，大力发展休闲度假、旅游观光、乡村手工艺等。继续开展休闲农业与乡村旅游示范创建宣传，推介中国最美休闲乡村、休闲农业与乡村旅游景点线路
	导向性政策	
2007	《国家旅游局、农业部关于大力推进全国乡村旅游发展的通知》	完善基础设施；开发多种发展类型和产品；研究相关政策并提供项目指导；实行“百千万工程”
2007	《国务院关于加快发展服务业的若干意见》	大力发展园艺业、特种养殖业、乡村旅游业等特色产业，增加农民收入

续表

时间(年)	政策名称	内容要点
2009	国家旅游局关于印发《旅游服务质量提升纲要(2009-2015)》的通知	乡村旅游基础设施完善升级和乡村旅游产品深度开发，把乡村旅游培育成社会消费热点和品牌旅游产品
2009	《国务院关于加快发展旅游业的意见》	发展多样乡村旅游产品；实施乡村旅游富民工程；实施旅游节能节水减排工程；分级分类培训从业人员；鼓励经营户小额融资
	国家旅游局关于印发《国家旅游局关于深入学习贯彻党的十八大精神的意见》的通知	推进旅游业与第一产业融合发展，全面提升乡村旅游、休闲农业发展水平；稳步提高乡村旅游目的地发展水平
2013	国家旅游局关于印发《旅游质量发展纲要(2013-2020年)》的通知	开展中国特色旅游村镇和旅游度假区、乡村旅游示范县(示范点)建设工作
2013	国家旅游局关于印发《贯彻实施旅游质量发展纲要2013-2014年行动计划》的通知	研究制定促进乡村旅游发展的意见，与农业部共同召开“乡村旅游与休闲农业发展现场会”
2014	《国务院关于推进文化创意和设计服务与相关产业融合发展的若干意见》	强化休闲农业与乡村旅游经营场所的创意和设计，建设集农耕体验、田园观光、教育展示、文化传承于一体的休闲农业园
2014	《国务院关于促进旅游业改革发展的若干意见》	开发形式多样，特色鲜明的乡村旅游产品；规范乡村旅游开发建设；加强乡村旅游精准扶贫；完善乡村旅游服务体系；加强乡村旅游从业人员培训；加大对乡村旅游的信贷支持
2015	《国家旅游局关于促进智慧旅游发展的指导意见》	建设乡村旅游扶贫村无线上网环境；发展智慧乡村游，建设乡村旅游公共营销平台
2015	《中共中央、国务院关于加快推进生态文明建设的意见》	依托乡村生态资源，在保护生态环境的前提下，加快发展乡村旅游休闲业

续表

时间(年)	政策名称	内容要点
2015	《国务院办公厅关于进一步促进旅游投资和消费的若干意见》	在重点乡村旅游区建设旅游咨询中心；加大乡村旅游点停车位建设力度；开发个性突出的乡村旅游产品，完善休闲农业和乡村旅游配套设施，加强相关旅游休闲配套设施建设；引导和支持开展乡村旅游实现自主创业；大力推进乡村旅游扶贫
2015	国务院办公厅《关于加快发展生活性服务业促进消费结构升级的指导意见》	突出乡村特色，充分发挥农业的多功能性，开发一批形式多样、特色鲜明的乡村旅游产品
2015	《国务院关于积极发挥新消费引领作用加快培育形成新供给新动力的指导意见》	乡村旅游、自驾车房车旅游、邮轮旅游、工业旅游及配套设施建设
农游合一政策		
2001	《农业旅游发展指导规范》	
2002	《全国农业旅游示范点、工业旅游示范点检查标准(试行)》	从接待人数、旅游收入、间接提供的劳动就业岗位数、已形成的参观点数量、因兴办旅游业而增加的纳税额等指标检查农业旅游示范点
2004	《国家旅游局关于命名北京韩村河、首钢总公司等306个单位为全国工农业旅游示范点的决定》	命名203个农业旅游示范点
2006	《国家旅游局关于促进农村旅游发展的指导意见》	制定基本的乡村旅游设施标准和接待服务标准，提供相应的监管服务
2011	农业部关于印发《全国休闲农业发展“十二五”规划》的通知	强化品牌建设，提升产业地位。着力创建一批优势产业突出、发展潜力大、带动能力强的全国休闲农业与乡村旅游示范县
2012	农业部办公厅、国家旅游局办公室《关于继续开展全国休闲农业与乡村旅游示范县和示范点创建工作的通知》	促进休闲农业与乡村旅游事业发展；持续发挥示范创建的带动作用

续表

时间(年)	政策名称	内容要点
2013	《国务院办公厅关于深化收入分配制度改革重点工作分工的通知》	因地制宜培育发展特色高效农业和乡村旅游，使农民在农业功能拓展中获得更多收益
2013	《农业部、国家旅游局关于继续开展全国休闲农业与乡村旅游示范县、示范点创建活动的通知》	为持续发挥示范创建工作的带动作用，推进休闲农业与乡村旅游事业发展，农业部、国家旅游局决定从 2013 年到 2015 年继续开展全国休闲农业与乡村旅游示范县、示范点创建活动
2013	《农业部关于组织开展“美丽乡村”创建试点申报工作的通知》	遴选 1000 个“美丽乡村”创建试点乡村，提供申报的方法
2014	《农业部办公厅、国家旅游局办公室关于开展 2014 年全国休闲农业与乡村旅游示范县、示范点创建工作的通知》	通知 2014 年全国休闲农业与乡村旅游示范县、示范点创建工作的创建数量、申报程序、数量、时间
2015	《农业部办公厅国家旅游局办公室关于开展 2015 年全国休闲农业与乡村旅游示范县、示范点创建工作的通知》	通知 2015 年全国休闲农业与乡村旅游示范县、示范点创建工作的创建数量、申报程序、数量、时间
2015	《关于积极开发农业多种功能大力促进休闲农业发展的通知》	休闲农业发展精准扶贫、乡村旅游、新农村建设和新型城镇化等有机融合、相互促进、协调发展，推动城乡一体化发展
2016	农业部办公厅《关于深入开展全国休闲农业和乡村旅游示范县(市、区)创建工作的通知》	进一步探索休闲农业和乡村旅游发展规律，完善标准体系，优化发展环境，加快培育一批生态环境优、产业优势大、发展势头好、示范带动能力强的全国休闲农业和乡村旅游示范县(市、区)，形成“统筹谋划、系统部署、上下联动、示范引领”的休闲农业和乡村旅游品牌创建新格局
宣传政策		
1998	华夏城乡游	吃农家饭，住农家院，做农家活，看农家景，享农家乐

续表

时间(年)	政策名称	内容要点
1999	生态旅游年	返璞归真，怡然自得
2005	《国家旅游局关于2006年中国旅游主题及宣传口号的通知》	主题“2006中国乡村游”，宣传口号“新农村、新旅游、新体验、新风尚”
2007	中国和谐城乡游	魅力乡村、活力城市、和谐中国
2011	《农业部、国家旅游局关于认定全国休闲农业与乡村旅游示范县和全国休闲农业示范点的通知》	认定32家单位为全国休闲农业与乡村旅游示范县，认定100家单位为全国休闲农业示范点
2011	《农业部关于公布全国一村一品示范村镇名单的通知》	认定322个村镇为全国一村一品示范村镇
2012	农业部、国家旅游局关于认定全国休闲农业与乡村旅游示范县、示范点的通知》	认定41个县(市、区)为全国休闲农业与乡村旅游示范县，100家单位为全国休闲农业与乡村旅游示范点
2013	《农业部办公厅关于开展中国美丽田园推介活动的通知	宣传推介农事景观，丰富休闲农业发展类型，决定开展以宣传推介一批独特农事景观
2014	《农业部办公厅关于开展中国美丽田园推介活动的通知》	宣传推介农事景观，丰富休闲农业发展类型，决定在2014年开展以宣传推介独特农事景观为主要内容的“中国美丽田园推介活动”
2015	《农业部关于认定第五批全国一村一品示范村镇的通知》	认定306个村镇为第五批全国一村一品示范村镇
2015	《农业部办公厅关于进一步做好休闲农业与乡村旅游宣传推介工作的通知》	休闲农业与乡村旅游宣传推介工作将结合季节特点和工作重点，在重点节假日前向社会推介一批休闲农业与乡村旅游精品景点和线路
2016	农业部办公厅关于开展中国美丽休闲乡村推介工作的通知	总结各地发展休闲农业和乡村旅游的经验，树立一批发展典型，促进美丽宜居乡村建设，农业部决定开展中国美丽休闲乡村推介活动
行业建设政策		
2009	《农业部办公厅关于组建“中国旅游协会休闲农业与乡村旅游分会”有关工作的通知》	进一步推动休闲农业与乡村旅游的发展，决定成立“中国旅游协会休闲农业与乡村旅游分会”

续表

时间(年)	政策名称	内容要点
2011	《农业部办公厅关于举办全国休闲农业与乡村旅游星级创建管理人员培训班的通知》	加快提高我国休闲农业行政管理人员和休闲农业企业经营者队伍素质，搭建行业交流学习平台
2013	《农业部办公厅关于召开全国休闲农业与乡村旅游现场交流会的通知》	为加快推进休闲农业与乡村旅游发展，经与国家旅游局协商，2013 年全国休闲农业与乡村旅游会议由农业和旅游系统分别组织召开
2015	《农业部办公厅关于成立第一届农业部全国休闲农业专家委员会的通知》	为充分借助外智，更好地履行休闲农业行业管理职能，推动全国休闲农业持续健康发展，决定成立第一届农业部全国休闲农业专家委员会
2016	农业部办公厅关于召开全国休闲农业和乡村旅游经验交流会的通知	决定于2016 年 5 月初在四川省雅安市召开全国休闲农业和乡村旅游经验交流会
资金政策		
2012	《国家旅游局关于鼓励和引导民间资本投资旅游业的实施意见》	鼓励民间资本开发各类旅游产品；合理开发“农家乐”、休闲农庄等乡村旅游产品
2012	《国家发展和改革委员会、国家旅游局多部门关于金融支持旅游业加快发展的若干意见》	鼓励通过农户小额信用贷款等形式支持乡村旅游发展；鼓励涉农担保资金为农家乐等乡村旅游提供担保
基础设施建设政策		
2007	《国家旅游局关于进一步促进旅游业发展的意见》	大力发展乡村旅游，推动乡村旅游目的地建设；推动通往乡村旅游地的公路建设
2011	《国家旅游局办公室关于印发中国旅游公共服务“十二五”专项规划的通知》	推进城市公交服务网络逐步延伸到周边主要景区和乡村旅游点
旅游扶贫政策		
2012	《国家旅游局关于鼓励和引导民间资本投资旅游业的实施意见》	鼓励民间资本开发各类旅游产品；合理开发“农家乐”、休闲农庄等乡村旅游产品
2012	《国家发展和改革委员会、国家旅游局多部门关于金融支持旅游业加快发展的若干意见》	鼓励通过农户小额信用贷款等形式支持乡村旅游发展；鼓励涉农担保资金为农家乐等乡村旅游提供担保

二、山西省乡村旅游政策现状

党和国家制定的一系列涉及乡村的政策，尤其是在中央提出建设社会主义新农村，小城镇建设、农村危房改造、生态农村、特色民居等重大政策措施之后，山西省政府审时度势，针对省内各地的农业背景和开展旅游的情况，制定出山西省特色的乡村旅游政策，详见表 6-2。

表 6-2　山西省特色乡村旅游政策一览表

年份	政策名称	类型
1999 年	山西省人民政府关于加快旅游业发展的决定	导向性政策
	在有条件的地、市要有计划分步骤地创建省级旅游度假村	
2000 年	山西省人民政府印发关于进一步扩大对外开放的意见	导向性政策
	大力开发旅游新产品，如窑洞乡野民情游、大寨观光农业游、煤海之光工业游、森林度假游	
2005 年	山西省促进旅游产业发展条例	市场准入
	县级以上人民政府及其有关部门应当结合本地、本行业实际，发挥资源优势，推动红色旅游、工农业旅游、民俗风情旅游等特色旅游产品的开发，延伸产业链	
2006 年	《山西省农村经济发展“十一五”综合规划》	新农村建设政策
	积极促进城郊型、工矿型、旅游型和交通商贸型小城镇发展	
2008 年	山西省人民政府关于加快服务业发展的实施意见	宣传造势
	黄河文明旅游精品线路以“黄河风光、黄土风情”为主题，建成集山水观光、休闲度假、乡村旅游于一体的复合型精品线路	
2010 年	山西省人民代表大会常务委员会关于加快发展旅游业的决定	导向性政策
	在新农村建设中要加强乡村旅游景区景点的基础设施建设	
2013 年	山西省旅游局、农业厅关于组织开展“山西最美乡村”评选活动的通知	宣传造势
	发现最美乡村，共建美好山西，共享美好生活，主要目的是对新农村建设的成果进行宣传和展示，同时对新农村建设的经验进行全面的推广，在城乡发展的过程中搭建起沟通的渠道，鼓励全社会各界人士都参与到新农村的建设中来	

续表

年份	政策名称	类型
2014年	山西省人民政府关于印发山西省推进文化创意和设计服务与相关产业融合发展的行动计划的通知 强化休闲农业创意和设计，推进农业与文化、科技、生态、旅游的融合，全面支持不同类型休闲农业园区的建设，包括农耕体验园区、田园观光园区和文化传承园区等。在全国范围内支持乡村旅游建设示范点，加强对休闲农业的品牌建设，为休闲农业的发展提供更为广阔的发展空间	农游合一政策
2015年	山西省人民政府关于促进旅游业改革发展的意见 有三条意见都是针对休闲旅游产业的建设政策，乡村旅游的开发过程中，要做好相应基础设置的建设，打造专业的停车场所，对乡村的厕所进行改造，大力推广乡村旅游产业的品牌树立和推广，建造一批具有品牌特色的乡村旅游产品	导向性政策
2015年	山西省旅游局关于大力发展乡村旅游的意见 从旅游基础设施建设、公共服务体系健全、乡村旅游品牌打造、宣传营销、标准化管理、强化发展要素支撑等多个方面扶持乡村旅游的发展	导向性政策
2015年	山西省人民代表大会常务委员会关于加快发展旅游业的决定 政府应当奖励创建全国特色景观旅游名镇(村)，全国休闲农业与乡村旅游示范县(乡镇)、示范村做出突出贡献的企业和个人，让利用自有生产资料、生活资料和农产品开展乡村旅游的农民享受农业产业政策，依托专业院校免费培训红色旅游、乡村旅游人才，促进工业旅游、乡村旅游、健康旅游的发展	导向性政策
2015年	山西省乡村旅游发展专项资金管理暂行办法 为乡村旅游重点市、县(市、区)内基础条件好的乡村旅游景区所进行的基础和公共服务设施建设提供资金支持。由省旅游局提出分配方案后报告给省财政厅并公示后，由省财政下达给项目所在地市、县(市、区)财政局，然后再拨付给项目单位专项使用	资金与税收
2016年	山西省乡村旅游景区标准(试行)	市场准入
2016年	山西省乡村旅游客栈标准(试行)	市场准入
2016年	山西省农业厅关于做好休闲农业与乡村旅游精品景点、精品线路推荐及宣传工作的通知 通过实地考察，选择在本市有一定影响力，且能提供优质休闲体验产品和特色农产品及加工制品的休闲农业与乡村旅游景点，围绕主题活动，择优推荐精品线路	宣传造势

除特色乡村旅游政策外，山西省政府还依据国家旅游局、农业部、发展改革委员会等部门的相关政策文件，制定出台了《关于加强对山西省休闲农业与乡村旅游示范县、示范点管理及申报2013年山西省休闲农业与乡村旅游业示范县、示范点的通知》《关于申报2015年山西省休闲农业与乡村旅游示范点的通知》《关于开展中国美丽休闲乡村推介工作的通知》《山西省人民政府关于印发山西省“十三五”服务业发展规划的通知》等文件，提出要对乡村旅游产业实行多元化开发，并制定多项优惠措施全面扶持乡村旅游产业的发展，包括品牌建设、基础设施建设等方面，拓宽乡村旅游产业的融资渠道，鼓励社会多领域加强对乡村旅游产业的投资，为乡村旅游的发展提供充足的资金保证。

三、乡村旅游政策的特点

(一) 新农村建设是乡村旅游政策的基础内容

《中共中央、国务院关于加大统筹城乡发展力度进一步夯实农业农村发展基础的若干意见》《农业部关于推进一村一品强村富民工程的意见》《国务院办公厅关于加快转变农业发展方式的意见》《农业部关于扎实做好2016年农业农村经济工作的意见》等文件，对加快发展乡村旅游的农村建设工作做了具体部署，指出要强化规划引导，制定多种不同的措施，全面支持乡村旅游产业的发展，包括以奖代补、先建后补、财政贴息、设立产业投资基金等，重点加强对乡村旅游基础设施的改善，拓宽道路，建设宽带，建立完善的垃圾和污水处理系统。加强对乡村生态环境的保护，重视对传统民俗文化的留存，建设具有当地浓郁特色的乡村小镇，吸引国内外游客前来参观和体验。同时支持有条件的地方通过盘活农村闲置房屋、集体建设用地、“四荒地”等资产资源发展乡村旅游。

总体来说，在建设新农村的过程中，农村的道路、卫生、通讯、环境等条件得到了改善，旅游交通的可达性和便捷性明显提高，乡村旅游的可进入性增强，乡村旅游的生态环境明显改善。另外，各地政府及旅游相关部门要加强乡村旅游景区服务设施的建设，为景区加装双语标识牌，建设无障碍设施，修建旅游厕所、停车场等服务设施，在县域主要道路上安装旅游标志指示系统，让自驾车游客参与乡村旅游更为便捷。着重加强对乡村旅游的基础设施建设，为乡村旅游接待提供高质量的服务，拉动当地经济的发展，提高乡村居民的收入，为乡村旅游的发展提供更为广阔的市场。

(二) 农游合一在乡村旅游政策中所占比重大

2006年，国家政府部门提出，要以旅游业拉动“三农”的发展，在全国范围内建立起乡村旅游示范点，鼓励县域旅游和旅游小镇的建设，为乡村旅游开发建设构造一个良好的社会环境。确定将“中国乡村游”作为2006年的旅游宣传主题，将“中国和谐城乡游”作为2007年的旅游宣传主题，积极宣传推广“新农村、新旅游、新体验、新风尚”，为城乡之间建设沟通的桥梁，实现城乡经济的和谐发展。

山西省农业厅、旅游局也结合新农村建设特点，发布《关于组织开展“山西最美乡村”评选活动的通知》，宣传山西特色旅游资源、旅游文化，鼓励各地休闲农业和乡村旅游示范县、示范点项目申报。

农游合一政策有利于提高乡村旅游对国内外游客的吸引力，同时对于农村第一产业和第二产业的发展也起到了重要的拉动作用。

(三) 乡村旅游行业标准化建设逐步推行

某一地区旅游产业的开发程度，可以看出该地区的旅游部门是否认真对政府职能进行了实践，同时也可以从该地区标准化的建设进展中反应出来，同时还可以揭示出，该地区的旅游行政部门是否对当地的旅游资源深度进行了挖掘。由于各地乡村旅游的实际情况不同，目前在国家层面上还没有出台相关政策。

山西省政府近年来积极发挥作用，根据山西省乡村旅游的实际状况，从住宿、餐饮和环境建设方面逐步推进地方标准化的建设。《山西省乡村旅游景区标准（试行）》和《山西省乡村旅游客栈标准(试行)》，对景区、客栈准入和行为规则进行了多方的调整和规制，要切实加强经营者的安全经营理念，做好多方面的安全防范措施，在保证前来旅游的游客安全的同时，还要为其提供高质量的服务。

逐渐推进乡村旅游标准化的建设，鼓励乡村旅游示范点的建立。尤其是在山西省乡村旅游开发的过程中，要建立标准化的乡村旅游体系，增加对乡村旅游基础设施的投入，满足游客对基础设施的需求，加快乡村旅游产品和服务的质量升级，提高广大游客的满意度，提升全省旅游业的吸引力和竞争力。

四、山西省乡村旅游政策的实际意义

(一) 政府政策支持，科学规划引领

为了规范山西省乡村旅游产业的发展，政府部门出台了一系列的政策性文件，包括《山西省人民政府关于促进旅游业的发展意见》《山西省旅游局关于大力发展乡村旅游的意见》《山西省关于开展乡村旅游富民工程推进旅游扶贫工作的实施意见》等。为了鼓励乡村旅游产业的发展，山西省政府在乡村旅游经营的税收和政策方面制定了多项优惠措施，有利于吸引更多的投资者加入到乡村旅游的开发之中，对传统的旅游资源进行改造和升级，使之更加符合现代人们的旅游观念。此外，通过乡村旅游产业优惠性政策的制定，未来在乡村旅游产品和资源开发的过程中，也可以吸引更多的企业加入，完善乡村旅游基础设施的建设，提高游客的满意度，为乡村旅游的发展提供一个良好的政策环境。

在鼓励乡村旅游的建设和开发中，山西省始终遵循保护与开发并重的原则，号召多方面的人才对乡村旅游的开发进行整体上的科学规划，实现对资源的合理利用，避免过度开发情况的出现，先后制定出《山西省乡村旅游景区标准(实行)》和《山西省乡村旅游客栈标准(实行)》两个行业标准，指导市县乡村旅游景点(区)对照落实，提升我省乡村旅游景区、客栈服务质量和水平。公安、工商、食品药品、物价监管等部门加强对乡村旅游市场价格秩序、接待服务、经营管理、食品安全、娱乐、购物等方面的标准化管理，为乡村旅游持续健康发展提

供了良好环境。

同时，山西省政府邀请学者专家对全省旅游资源进行全面的调查摸底，委托有资质的单位编制了《山西省农村经济发展“十一五”综合规划》以及区域性乡村旅游规划，2016年山西省旅游局主持完成了32个村的乡村旅游扶贫规划。制定出科学、系统的旅游发展规划，确保乡村旅游业的有序发展。

(二) 改善设施，提供服务

为了更好地改善乡村旅游发展环境，推动全省乡村旅游的稳步发展，山西省政府不断加强农村建设，特别是通过发展现代农业和新农村建设，农村的生产、生活条件正在发生根本改变，为乡村旅游的发展创造了条件。政府通过增加乡村旅游方面的投资，用于农村的道路、水电、通信等基础设施和游客中心、厕所等精品景区建设，对交通条件全面进行改善，修建高速公路，加强对乡村公路的修建和完善，这就可以为乡村旅游地吸引更多的游客前来打下了坚实的基础，扩大了乡村旅游市场的客源。山西省在乡村旅游建设中，围绕着“食、住、行、游、购、娱”六方面的要素，加强对乡村旅游基础设施的完善，为当地居民和游客提供更为便捷的生活需求，全面提高游客的满意度。

同时，在一些地方还成立了乡村旅游行业协会，目的是加强行业自律、规范行业管理、服务产业发展。

(三) 宣传推荐，培养人才

2010年起，山西省积极配合国家政策，开展了休闲农业与乡村旅游示范县(点)的活动和最具魅力乡村推荐活动，积极培育休闲农业与乡村旅游示范县和休闲农业与乡村旅游示范点，通过推荐和创建活动，树立典型，宣传推荐，引领省内乡村旅游持续健康发展。

为了加快山西省乡村旅游的发展，政府把乡村旅游纳入对内对外宣传年度计划，建立旅游、宣传、文化、广电、新闻出版、通信等部门联合、区域联动、上下互动的乡村旅游宣传营销机制，安排专项资金支持重点乡村旅游企业参与旅游展销活动。旅游部门积极进行乡村旅游产品策划包装和线路组合培育的指导工作，把乡村旅游营销纳入大旅游营销计划，进行统一宣传营销。省内各个电台、电视台、报刊、网络等主流媒介开设乡村旅游专版和专栏，增加乡村旅游专题和时段，建设乡村旅游网站。

为了提高乡村旅游从业人员的素质，省旅游局和省农业厅、省扶贫办建立了乡村旅游培训基地，本着“分级、分类、分批”的原则，通过远程教育、送教上门、举办培训班、结对帮扶等方式，积极开展乡村旅游从业人员和特色旅游村的村组干部培训工作，努力实现在岗人员的岗位培训。

山西省 36 个全国乡村旅游模范村与 65 个最美旅游村分布情况如表 6-3、表 6-4 所示。

表 6-3　山西省 36 个全国乡村旅游模范村分布情况

地区	名称
晋城(6)	晋城市阳城具北留镇皇城村 晋城市阳城县河北镇孤堆底村 晋城市陵川县夺火乡凤凰村 晋城市泽州县柳树口镇黄围村 高平市原村乡良户村 晋城市钟家庄办事处洞头村
晋中(5)	晋中市昔阳县大寨镇大寨村 晋中市昔阳县三都乡井沟村 晋中市平遥县朱坑乡六河村 晋中市太谷县北洸乡三台村 晋中市和顺县松烟镇许村
长治(5)	长治市平顺县东寺头乡神龙湾村 长治市平顺县西沟乡西沟村 长治市黎城县黄崖洞镇上赤峪村 长治市壶关县桥上乡大河村 长治市武乡县蟠龙镇砖壁村
运城(4)	运城市盐湖区南城办柏口窑村 运城市永济市西办镇水峪口村 运城市万荣县高村乡闫景村 运城市垣曲县历山镇文堂村

续表

地区	名称
太原(3)	太原市杏花岭区小返乡水沟村 太原市清徐县清源镇大峪村 太原市小店区北格镇张花村
忻州(3)	忻州市宁武县涔山乡镇悬空村 忻州市代县雁门关乡雁门关村 忻州市五台县车沟村
朔州(3)	朔州市山阴县新广武村 朔州市朔城区南榆林乡青钟村 朔州市怀仁县马辛庄乡鲁沟村
吕梁(2)	吕梁市汾阳市贾家庄镇贾家村 汾阳市果家庄乡上林舍村
大同(2)	大同市浑源县大仁庄乡净石村 大同市灵丘县红石塄乡上北泉村
阳泉(2)	阳泉市郊区平坦镇桃林沟村 阳泉市平定县娘子关镇娘子关村
临汾(1)	临汾市乡宁县关王庙乡塔尔坡村

表 6-4　山西省 65 个最美旅游村分布情况(2015 年底)

地区	名称
晋城(9)	泽州县东四义村、泽州县冶底村、阳城县孤堆底村、阳城县皇城村、阳城蔡节村、沁水湘峪村、高平市边家沟村、陵川县凤凰村、陵川县丈河村
太原(8)	阳曲县上安村、杏花岭区水沟、杏花岭区长沟、清徐县大峪村、清徐县大常村、清徐县北营村、古交市关头村、尖草坪区庄头村
运城(8)	永济市水峪口、盐湖区石碑庄、夏县西村村、新绛县光村、闻喜县上镇村、永济市侯孟村、河津市龙门村、芮城县汉渡村
长治(7)	长子县琚村、郊区南村村、郊区瓦窑沟村、长治县振兴村、黎城县上赤峪村、壶关县盘底村、壶关县桥上村
晋中(6)	介休市南庄村、昔阳县大寨村、平遥县横坡村、平遥县六河村、太谷县侯城村、太谷县三台村

续表

地区	名称
忻州(6)	忻府区奇村、静乐县西大树村、代县新高村、偏关县老牛湾村、五台县闫家寨村、河曲县榆岭资村
朔州(6)	朔城区青钟村、应县中曹山村、平鲁县西易村、右玉县杀虎口村、怀仁县鲁沟村、山阴县北周庄村
大同(4)	灵丘县上北泉村、阳高县大泉山村、大同县营房沟村、南郊区杨家窑村
临汾(/4)	襄汾县丁村、乡宁县大河村、曲沃县西海村、洪洞县秦壁村
阳泉(5)	盂县西小坪村、盂县大泉村、郊区上千亩坪村、郊区小河村、郊区咀子上村
吕梁(2)	离石区永红村、孝义市留义村

第二节 硬件支持——乡村基础设施的完善

到乡村旅游的游客大都来自城市，他们长期生活在基础设施建设完备的城市，因此对餐饮、住宿、卫生条件的要求相对较高。就目前来看，大多数城市游客对于农村地区的厕所与厨房卫生条件较为敏感，尤其是简易的旱厕是城市游客最难以接受的。在乡村旅游活动的开发中，要充分重视农村基础设施建设与卫生条件的改善，从建设美丽乡村的角度出发，完善农村经济设施建设，为乡村旅游活动发展提供坚实的硬件基础。

一、卫生基础设施建设

(一) 乡村厕所

1．设计原则

(1) 厕所的设计应该处于下风向，目的是避免厕所的气味随风飘散，影响景区的空气质量。

(2) 避开主景区主要景观点，保证游客在游览时的视觉感受，避免出现不和谐的景象。

(3) 厕所要设置指引路标，方便使用。

(4) 厕所尽量设置在景区已经建成的建筑设施内，单独设置厕所对景区景观的完整性会造成一定的影响。

(5) 厕所要远离水源，避免排泄物泄露对水源造成影响以及对景区水景观造成影响。

2．重点考虑因素

(1) 景观化。

乡村厕所的设计在满足功能需要的基础上，应具有景观效果，与地景相融合。

(2) 水冲式。

旱厕让城市居民难以忍受，应尽量选用水冲式厕所，当然粪便在卫生间冲洗过后，不宜直接流入沟渠、堰河，否则既浪费有机肥料资源，也会给下游造成直接污染。

(3) 地点选择。

在乡村主要建筑物或重要活动区内，或供游客休息、解说以及较长游步道的途中，为方便游客使用并防止环境污染，可适当设置公共厕所设施。

3．数量安排

有关卫生设备数量与面积的估计，往往是以乡村旅游区的高峰时日接待游人量为基础，并预估使用的周转率，予以推求高峰每小时的活动人数，同时依据男女不同的使用特性与需求，估算所需的男厕及女厕的需求量。

(二) 垃圾处理

1．垃圾量估计

依据所推估的乡村旅游区常住人员及到访游客数量，参考相关环境保护统计的地区平均每人每日垃圾清运量资料(见表 6-5)，并依据使用性质加以估算。

表 6-5 垃圾预估量

项目	人数(人)		停留时间(小时)	单位垃圾量(吨 / 日)	预估垃圾量(公斤 / 日)	
	节假日	平常日			节假日	平常日
常住人员	30	30	10	1.0	30	30
到访游客	4 000	600	4	0.4	1 600	240
合计					1 630	270

2．垃圾桶的设计与摆放

(1) 垃圾桶的布局要与步道的位置大致一致，并且要尽可能地距离步道较近，方便使用。

(2) 垃圾桶不能设置在距离水源较近的地区，避免因为各种原因对水源造成的污染。

(3) 保证垃圾桶数量的足够，一般来说在景区步道最多不超过 500 米应该设置一个垃圾桶，如果客流量加大可以适当缩短这个距离，避免由于垃圾桶不够为游客带来的不便。

(4) 对垃圾桶进行加盖处理，标识明确分类回收标志与主要垃圾种类，为后续的垃圾处理打好基础。

(5) 垃圾桶要防水、防风，保证材料的耐久性与坚固性，避免因为大风或者大雨造成的垃圾飞扬或者漂流等现象。

(6) 对其造型进行设计，与周围的景观保持主题上的一致性，避免破坏景观的和谐性。

(三) 给水与污水处理

1．给水系统

给水系统用水量的估算，可依据乡村旅游区的不同使用者及使用日的划分，使用者有园区员工与到访游客两种。园区员工是以经营管理的实际需求予以估计，到访游客数量则以乡村旅游区的最大承载量或假日高峰量估计，到访游客数中又可分为住宿游客及非住宿游客。给水系统的规划原则主要有：

(1) 根据高峰游客的需求与地形条件，设置自来水蓄水池或配水站；

(2) 给水管线的配置需考虑所需供给的水压强度与瞬间最大给水量；

(3) 给水管线埋藏于地下，如暴露于公共主要路线时，应美化处理；

(4) 管径 50~300 毫米最小覆土深度 1 米，管径 350~500 毫米最小覆土深度 1.2 米；

(5) 给水干管沿道路及绿化带布设，于适当地点配置设入孔，以利于日后维修；

(6) 管中流速最大限制为 3 米 / 秒，最小限制为 0.3 米 / 秒，以避免管中压力过大，造成漏水及安全隐患。

2．污水下水道系统

乡村旅游区所产生的污水主要为生活污水，生活污水的产生与游客的流量有直接的关系。在农村地区生活污水的产生主要有两种，一种是日常生活产生的污水，另一种是旅游活动进行过程中产生的各种日常污水。由于污水处理相关设施兴建无法满足短期实质的经济效益，如何落实污水处理工程系统，以维护景区整体环境，达到生态平衡的目的，刻不容缓，其规划原则主要有：

(1) 在景区设置能够处理污水的设施或者设备，避免污水对景区自然水体产生污染。

(2) 污水处理设备的规模要根据污水产生量来确定，一般来说会大于日最大污水产生量。

(3) 污水与雨水应该采用不同的管道排出，这么做是保证生活水源不被污染，对雨水进行合理的利用的重要手段。

(4) 为了不影响景区的景观，避免污水渗透对土壤造成的污染，一般来说污水都是通过暗管道进行输送。

(5) 排水管线的设计的最大排水能力要大于景区预计的最大单位排水量，避免流量不足产生各种问题。

(6) 污水处理厂的位置要设计合理，尽量保证能够通过重力送达，平原地区则要保证较短的输送线路。

二、交通基础设施建设

(一) 公路建设

2016年8月24日，山西省发改委、省旅游局联合印发了《山西省农村旅游公路建设规划(2016-2020年)》。阳泉市将建8条乡村旅游公路，建设里程135千米m,总投资4.8亿元。“要想富，先修路”，这句话是交通对经济发展促进作用的生动说明，在乡村旅游开发的过程中，交通条件的通达程度是影响旅游区域规划的重要因素。对于大部分游客来说，旅游的时间美好而短暂，他们不愿意将时间浪费在交通通行上，因此无论是自驾游还是坐车旅游，游客都愿意选择通达性好的旅游区域，节省时间，保证旅游的质量。

乡村公路作为保障农村经济社会发展的基础设施之一，在富民工作中具有重要的意义。一条条乡村公路的开通，构建了乡村的可达性网络，改变了之前乡村保守、滞后、不发达的状态。随着信息流的涌入，乡村在增加了经济来往的同时，旅游的价值便得到展现。边远的乡村，安静、原始、淳朴，成为人们越来越向往可以放松的去处，而乡村公路让他们的向往成为可能。所以，发达而完善的乡村公路是发展乡村旅游的前提条件。

乡村公路取代原有的山路、土路，成为牛羊牲畜、摩托车、三轮农用车共同的通道。由于乡村公路崎岖，总长度特别长，部分穿越原野河流，少有人家，维护难度大，管理近乎是空白，且乡村公路建设标准一般都不高，遇见雨水、泥沙等特别容易受到破损。一旦破损和卫生条件恶化，乡村公路对乡村的生产、生活短时间内影响不大，但是却切断了游客进入乡村的可能，因此建设高标准的乡村公路也必须归入乡村公路体系建设当中。

(二) 乡村景区内交通设施

1．步道的设计

步道在乡村旅游规划中不可或缺，它可以是导入穿越特定户外空间使用的林荫道、广场和绿地。步道是每个景区都不可缺少的基本设施，在乡村旅游景观的规划过程中，除了保证步道的基本功能以外，还要注意步道设置所穿越的景观区域。一般来说步道是欣赏美好景色的重要引导措施，在乡村旅游中的步道要尽可能多地穿过特色旅游景点，但要注意不能绕道。

神池县位于山西省西北部东沿，是通往陕西、内蒙必经之地。神池东邻朔州，南接宁武，西连五寨，西北靠偏关，东北界平鲁。神池县城海拔约 1 500 米，步道总长度 50 公里，距县城 20 公里。在 2010 年 9 月 1 日一期工程验收之际，被国家体育总局登山运动管理中心授予“国家登山健身步道”。该登山步道是中国北方第一个符合国家标准的步道系统(简称 NTS)。全国符合这个标准的步道只有两条，另外一条是我国的“宁海国家登山健身步道”。神池步道全线海拔在 1 900~2 500 米之间，夏季清爽宜人，步道围绕管涔山山脉而建。山西宁武的芦芽山景区和神池的管涔山一脉相连，堪称步道建设的典范。

2．坡道与阶梯

当人们在景区内穿行的时候，在跨越地形时需要借助坡道或者阶梯才能到达。在景区设置阶梯要保证阶梯的坡度，不能让游客感觉到明显的吃力，尽量将阶梯的坡度减小，可以适当延长坡道的长度，穿越一些特色旅游设施或者休憩平台。

3．停车场的设计

停车场是乡村旅游的重要配套设施，在停车场的规划与设计中要保证其距离景区入口的距离，一般不宜超过 1 000 米。当然为了避免因停车场的修建而破坏景区的旅游风格，可以根据景区的特点设计特色的停车场，或者对停车场的位置进行合理的规划。

三、休闲游憩设施建设

(一) 休闲设施的建设

乡村休闲设施配置，应充分利用乡村的自然条件和环境资源，在小体量、少建设的前提下建设休闲设施。

1. 凉亭与休憩平台

凉亭与休憩平台修建的主要目的是为游客在旅游过程中提供休息空间，当然在为游客服务的同时，凉亭、休憩平台也承担一部分景区景观的功能，尤其是造型古朴的凉亭，能够有效突出景区的主题与特色。规划的过程中要尽量两种功能兼顾，将旅游设施的功能进行最大化的挖掘与利用，完善旅游设施的功能。

2. 座椅

座椅是为游客休息提供的基础性旅游设施，当然从整个景区建设来说，座椅也是旅游综合环境的构成部分。座椅在设计中要遵循环保、特色贴合旅游主题的基本原则，此外在材质以及地点的选择上都要根据具体的情况来确定，比如在竹林内可以设置竹质的座椅。

(二) 游憩设施与项目

1. 自然资源

游憩活动可使用自然产业的资源主要有溪流、山岳、海洋、瀑布、森林、海浪、温泉、湖泊、老树、野生动植物、峭壁、悬崖、云雾、特殊地质、湿地、日出、夕阳、星星、月亮等。

2. 人文生活资源

游憩活动可使用人文生活环境的资源主要有吊桥、木梯、竹桥、水利设施、传统农村建筑、水坝、水塘、林道、梯田、庙宇、畜舍、纪念馆、铁器店等。

3．农特产资源

游憩活动可使用农特产业的资源主要有水果、蔬菜、花卉、苗木、作物、野菜、药用植物、渔产品、产业活动(耕田、收割、喂养、捕捞、产品加工等)、产业景观(茶园、菜园、稻田、花园、果园、育苗场、养殖场、林相、灌溉沟渠、喷灌、棚架、猪舍、鸡舍等)、产业工具设备(扁担、斗笠、蓑衣、牛车、搬运车、农业机械、渔网、竹筏、水车等)。

4．文化资源

游憩活动可使用文化产业的资源主要有岁时祭仪祭典、生命礼俗、宗教信仰、饮食服饰、居住交通、狩猎、音乐、舞蹈、手工艺、绘画、传统戏剧(皮影戏、布袋戏等)、神话传统、古迹(遗址、古道老街、故宅、古井、古桥、废墟、旧码头等)。

四、乡村植物绿化

(一) 乡村旅游绿化的必要性

乡村旅游活动项目的开发以及特色旅游景点的规划与乡村的绿化有着十分紧密的联系，并且绿化程度是影响乡村自然风光与旅游体验的重要要素，可以说决定着乡村旅游的吸引力。在乡村旅游的规划与发展过程当中，要根据当地的绿化情况以及将要开发的旅游项目，合理规划绿化的区域，从而保证绿化的有效性。如果乡村旅游发展的目标是花草观赏，则可以在规划的区域内种植种类不同的花草植物，并且保证一年四季都有特色的花草植物观赏，当然在基础设施规划时可以设置一些花草主体的设施，增加景区的特色。如果以大量乔木或者果树为特色旅游项目的地区，可以大量种植这些植物，让游客享受到森林的幽静与清新。

(二) 乡村旅游绿化的规划

1. 以原生植物为基础

外部环境会对植物的生长造成影响，当然外部自然要素决定着植物的布局情况，在进行植物选择时应该以当地的原生植物为主。选择原生植物的原因有两个：第一，原生植物对当地气候、环境的适应程度最高，能够保证绿化的效果；第二，原生植物属于当地生态循环的一部分，对于改善当地生态具有重要的作用，而且栽种原生植物能够避免外来物种的入侵，保护当地生态，如在临近海岸的乡村旅游区内以可耐风、耐强日照的滨海型植物为主。

2. 合理规划栽培空间

植物具有不同类型、外观、生理构造等特性，从植物的生长高低区分，有生长高度可达 3~4 米以上的大乔木，也有低矮可作为绿篱的灌木，或鲜艳美丽的四季花草或蔓藤性植物等；若从特殊性来看，有观花植物、香花植物、观叶植物等。

因此，景区内不同环境绿化树种的选择，取决于需要提供给游客什么样的游憩体验。如园区入口处需要营造热闹、耳目一新以及带有喜气的感觉，则需要选择以观花价值的低矮植物为主，像灌木类的杜鹃、桃金娘，四季花草类的雏菊、四季秋海棠等。而景区内动线主要是要营造出“引导”效果，绿化树种多半以直立型或是绿篱居多，如罗汉松、龙柏、七里香等。如果景区内欲提供乘凉场所，则开展型植物为最佳选择，如樟木、重阳木等。

3. 突出旅游景点主题

绿化的选择除了配合园区内其他景观元素所扮演的“加分”角色外，另一种情形则是以“主题”为诉求，强调由绿化的特殊性来达到营造气氛的目的，同时也凸显在某种场合具有不可取代性。如台湾有些农场受到国外情境、媒体宣传、当前偶像剧情影响，选择以向日葵、薰衣草等为主题，设置小径及步道，让游客有身临其境的感受，甚至有以强调植物的特殊功效为主题作为吸引游客到访的诱因，如台湾桃园某游乐区为强调园区植物具有中药疗效功能，进而将各种药用植物分门归类配置于园区内各角落，为游客提供步行及解说导览。

4．注重生物多样性

植物在生态系统中扮演着非常重要的生产与支持角色，既为草食性动物提供食物，同时也提供动物栖息、藏身的空间。因此，绿化设计过程中若能考虑动物的栖息与觅食习性，选择适合当地物种的鸟饵或蜜源植物，以提供鸟类、蝶类、昆虫或动物之栖息环境与食饵植物，是导入多样性物种的重要因素。

第三节 软件支持——乡村旅游服务的优化

一、优化客房服务

客房是游客休息的重要场所，在旅游活动中游客在客房停留的时间比较长，作为旅游过程中的私人空间一定要保证其安静、干净、整洁，能够为游客提供温馨的休息空间。乡村旅游客房的种类与档次差别较大，但无论哪种档次、哪种类型的客房都要注重客房的卫生性与整洁性，对于有些游客来说客房的体验是影响其旅游决策的重要因素。许多游客在来乡村之前最担心的就是乡村的卫生问题，虽然他们已经有一定的心理准备，不会用星级饭店的标准来要求乡村旅社，但他们会把清洁、卫生、整齐作为选择客房的第一要求。乡村旅社客房服务主要包括以下几个方面的内容。

(一) 客房的清洁整理

为了保证客房清洁整理的质量，提高工作效率，首先必须做好客房清洁整理前的准备工作。客房服务员在准备清理客房时应提前换好工作服，整齐着装，整理好仪容仪表。了解分析客房使用情况，决定客房清扫程度和顺序。服务员在开始清扫整理前，要了解当日客人住宿情况，包括哪些客房有人住宿、哪些客房无人住宿、住宿客人是否外出、是否退房等，以确定哪些房间需要整理、哪些房间需要彻底打扫、哪些房间先打扫以及哪些房间后打扫等。

具体到不同状况的客房，其清扫要求是不同的：

(1) 简单清扫的房间：对于当晚未住人的空房，一般只需清理房间的表面卫生和放掉水箱、水龙头等积存的陈水。

(2) 一般清扫的房间：客人临时外出而不退房的客房。

(3) 彻底清扫的房间：客人已退房、准备安排其他客人入住的房间。

服务员在了解核实了自己所要打扫的客房状态后，应根据开房的先后急缓、客人情况和要求，决定房间的清扫顺序。

客房的一般清扫顺序为：

(1) 需要马上安排给新进客人的房间。此类房间须优先清扫，以免耽误接待新游客。

(2) 挂有“请清理房间”牌子的房间。客人可能因为某种原因急需清扫，应尽量满足客人要求。

(3) 客人外出游览的客房。

(4) 客人还在房间的客房。

(5) 空房。

(二) 公共区域服务

凡是公众共有、共享的活动区域都可以称之为公共区域。乡村旅游住宿设施公共区域包括：客厅、公共洗手间、餐厅、会议室、楼梯、走廊、建筑物外部玻璃和墙壁、花园、停车场以及周围等。乡村旅游经营户不要忽视公共区域的清洁保养及绿化布置工作，搞好公共区域清洁卫生工作对树立乡村旅社良好形象同样有着重要作用。

公共区域是人流交会、活动频繁、停留时间长的地方，也是游客到达后首先看到的地方，公共区域清洁卫生管理工作的好坏，直接关系到旅社在客人心目中的形象。每个服务人员应具有较高的认识和工作自觉性，管理人员要加强巡视和督导，以保证公共区域时时保持良好的卫生状况。

公共区域清洁卫生项目包括：地面、墙面、天花板、门窗、灯具、公共卫生间等以及除虫、绿化布置等，要及时打扫、处理。遇到雨雪天，要注意及时擦洗地面的泥尘和水迹，做好防滑工作。服务员要经常巡视公共区域，对柱面、墙面、台面、栏杆、座椅、沙发、玻璃门、指示牌等进行擦拭，使各处保持光亮，无浮尘、水迹、手印等痕迹。

(三) 有害动物的防治

防治有害动物是关系到客人和从业人员身体健康的一件大事，是一项不容忽视的工作。一般旅社常见的有害动物有苍蝇、蚊子、蟑螂、蜘蛛、甲虫、虱子、臭虫、跳蚤、白蚁、老鼠等。产生有害动物的诱因很多，如果旅社内有通风不佳、环境潮湿、垃圾生根、残羹剩饭乱倒、新鲜食物控制不当等现象，就会给有害动物的滋生蔓延创造条件。周围环境不佳，如杂草丛生、污水沟纵横等也会给旅社造成虫害。乡村旅社多位于乡野郊外，昆虫鼠患等比城市更容易出现，因此更要有针对性地采取措施，防治有害动物。

二、优化餐饮服务

餐饮服务，简单地说就是以一定的规范标准为就餐的客人提供必要的帮助和条件，以尽可能好地满足他们的消费需求。餐饮经营者首先要弄清楚的是：提供何种程度的服务是与消费者的支付水平相对应的，也就是老百姓所说的“一等价钱，一等货”。其次要遵守现行的相关制度要求，特别是有关食品卫生安全方面的制度性要求，如从业人员的身体健康要求等，这是要特别加以注意的问题。作为农家菜经营者则应明白：农家菜体现的是农家日常风格，在服务上也应与之有一定的对应，以体现农家的生活情趣。现在有些地方的农家菜中的服务有明显的城市化倾向，即把城里中高档餐馆的做法照搬过来，实际上大可不必，这种简单的模仿花钱多，游客也不一定喜欢，应在符合相关法律法规要求的前提下，保持或体现农家生活的氛围，减少不必要的服务程序或规范。

农家菜的餐厅服务应体现简单与热情，不要做过多的表面文章。从旅游者对餐饮服务的一般需求来看，农家菜的服务内容应包括以下几个方面：

(1) 提供干净、卫生、敞亮的就餐场地，保持桌椅板凳的整洁。

(2) 提供经过彻底消毒的餐具，并摆放整齐。

(3) 问候、迎接客人，热情回答客人提出的问题，主动关心客人，及时解决出现的问题，尽量满足客人的合理要求。

(4) 向客人介绍本店(经营户)的菜肴和特色，做好点菜服务，并及时通知厨房准备菜肴。

(5) 及时上菜、上酒水、撤换餐具。

(6) 客人就餐时，一般不需提供“值台”服务，但要注意留心客人的用餐情况，以便及时处理问题，可在适当的时机主动征询客人的意见或要求，以体现“农家”的热情与真诚。在客人用餐结束时，应及时提供结账服务，征询意见和建议，感谢客人的光临，提醒客人带好自己的物品，提供联络信息，亦可向客人介绍附近其他可以游玩的地方或可以购买的土特产。

三、优化导游服务

乡村旅游从事导游服务的人员主要是乡村旅游景区和旅游项目的导游讲解人员以及从事乡村旅游接待的旅行社委派的导游人员等。

乡村旅游景点的种类和旅游项目很多，乡村旅游导游服务人员负责接待或陪同游客旅行、游览，按照合同或约定的内容和标准向其提供旅游接待服务。导游人员是旅行社或旅游景区委派或聘任的，未受委派的人员，不得私自接待游客。

导游人员的主要业务是从事游客的接待。多数乡村旅游导游人员是全程陪同游客在本地进行旅行、游览；有些导游人员是在较为固定的地点如咨询柜台、信息中心等接待客人，提供导游服务；有些是在景区内的旅游车船上提供导游服务。

导游人员向游客提供的接待服务，要遵守景区制定的旅游活动守则与内容，并依照与游客签订的旅游协议履行好自己的接待职责，不能出于任何目的改变行程与项目。在接待游客的过程中导游人员需要注意的事项主要集中两个方面：第一，导游人员要维护景区以及旅游企业的形象与信誉，严格按照履行合同为游客提供周到、便捷的服务；第二，保证游客的安全与合法权益。

乡村旅游的导游服务范围有：

(1) 讲解服务，指导游人员在游客旅行、游览途中和景点上所提供的介绍、讲解、问题解答等服务。

(2) 安全服务，指导游人员为确保旅游者在旅游行程中的安全所提供的服务，包括关心旅游者的身心健康，保护旅游者的财物不受损失等。

(3) 咨询服务，指导游人员向旅游者提供各类技术、知识性问题的回答，包括景点文化知识、当地民风民俗、周边交通状况等问题。

(4) 问题处理，指导游人员帮助旅游者处理和解决临时发生的问题和困难，包括游客走失、受伤、身体不适和团队突发事件等旅游故障的处理。

第四节 人才支持——乡村旅游人才培养

一、人才是促进乡村旅游发展的重要保障

中国的乡村旅游正在迅速发展，在政府的支持与鼓励下近年来取得了丰硕的成果。以位于长江三角洲经济带的上海为例，2016 年直接从事乡村旅游行业的农民约为 2.3 万人，这个比例约为上海市全部农业人口的 70%，而开辟乡村旅游乡村的面积只占上海市农业用地的 3%，从某种意义上来说，这一部分农民实现了“离土不离乡，零距离就业”。当然总结成绩的同时我们不能忽略乡村旅游发展中存在的问题，由于人才匮乏，乡村旅游的发展缺乏稳定性与持续性。

就山西省而言，乡村旅游已经成为乡村脱贫致富的重要途径，但是人才的匮

乏却严重制约着这一产业的健康发展，为此山西旅游主管部门不断加大对乡村景区、景点干部和管理服务人员的培训力度，作为旅游产业扶贫提升软实力的重要举措。2016 年，山西旅游主管部门在浙江大学举办了乡村旅游扶贫培训班；组织全省 83 个贫困村干部参加了国家旅游局的培训；利用省内乡村旅游培训基地举办了两期培训。第三期培训为期 3 天，参训人员以乡村旅游重点村负责人及景区、景点负责人为主，通过专家授课、成功案例分析帮助参训者加强对乡村旅游的认识，拓宽思路，推动当地旅游进一步发展。

培训的重点是发掘一批乡村旅游人才和旅游致富带头人，进一步拓展农业功能，为贫困地区贫困群众创造新的增收点。

通过培训，造就一支庞大的、文明的、专业的乡村旅游从业人员，改变乡村旅游品牌影响力不足、产出效益及发展水平较低的现象，这既是推动乡村旅游发展的基础工程，更是落实美丽乡村建设，贯彻十九大党中央关于发展乡村旅游的相关决议的重要举措。

二、当前乡村旅游在人才方面存在的问题

(一) 乡村旅游人才从业人数多，文化素质低

乡村旅游的发展需要一支高水平、高素质及拥有娴熟素质的旅游管理人员与服务队伍。在旅游人才队伍的建设当中，管理层面人才可能需要的数量不多，但其重要性却不言而喻，并且当前山西省旅游管理人才相对匮乏，有很大的人才缺口；旅游服务人员队伍是在基层从事旅游经营与服务的人员，他们的素质高低与技能掌握的熟练程度，直接关系着游客旅游的体验，以及旅游景区的形象。

就当前我国乡村旅游行业从业人员的状况来看，整体上乡村旅游管理与服务队伍文化素质偏低，这使得我国乡村旅游在发展过程中出现了一些问题，比如旅游观念落后、经营管理能力不足等问题。这些问题的出现归根结底是乡村旅游从业者的能力与素质不足造成的。由于乡村最初的组织者是农民或者农村集体，保守的意识、滞后的观念，使得乡村旅游在进一步发展的道路上举步维艰，只有将

乡村旅游交给专业的旅游管理人员，才能更好地促进其发展。

(二) 乡村旅游人才培训严重不足

从乡村旅游的起步到发展，人们逐渐认识到了乡村旅游的活力，各地旅游组织、企业及政府部门也逐渐认识到了旅游管理人才与服务人才的重要性，开始面向整个社会进行人员筛选，并加快了对旅游人才培养的步伐。在农村地区人们受教育的水平普遍不高，对先进事物、知识的认识与接受能力相对较差，在乡村旅游发展的过程中，会逐渐被潮流抛弃。针对乡村旅游人才匮乏的局面，国家和政府从教育改革与政策引导两个方面入手来解决这个问题，比如在国家政策的引导与号召之下，旅游管理专业的高校毕业生到基层从事旅游行业的越来越多，旅游行业的发展正在从社会各个方面吸收能够引导进步的人才。

(三) 院校旅游专业人才，到农村就业数量少

随着我国旅游行业的不断发展，旅游行业的从业人员逐渐增多，旅游行业人才队伍也在不断壮大。就当前的统计来看，我国每年旅游专业毕业的高校学生能够满足当前我国旅游行业发展的需求，但从乡村旅游发展的领域来说，由于乡村地区基础条件较差，工资待遇也不是很好，旅游人才十分匮乏。在乡村旅游发展的过程中很多学习旅游专业的学生希望到大城市或者大平台去发挥自己的能力，乡村旅游在这方面存在先天的不足。因此，在乡村旅游发展过程中，要重视行业内部的人才培养，同时也要加强对旅游专业学生的思想教育，让他们认识到乡村旅游大有前途，引导他们投身到乡村旅游发展的历史潮流当中。

三、提升乡村旅游人才效用的途径

(一) 人才引进

乡村地区受限于教育水平和经济能力，往往缺失乡村旅游人才，因此，从城

市地区引进人才是激活乡村旅游发展的关键之一。人才引进的策略包括：

(1) 特聘专家顾问，引进战略指导人才。聘请一批乡村旅游规划发展、战略运营、投融资等方面的高端人才，授予乡村旅游发展特聘专家顾问证书，定期邀请专家进行乡村旅游发展战略方面的咨询与指导，提供前瞻性与专业化的乡村旅游发展顶层设计。

(2) 开展人才借调，引进新业态人才。地方政府与互联网、电商、智慧旅游等新业态领域的企业达成合作协议，提供试点建设、产品供应、政策准入等优惠条件，获取新业态领域人才借调、智力支持、资源共享的回报。

(3) 以大学生村官制度引导，向农村地区输送高素质管理人才。到 2017 年，山西省计划保持一半左右的行政村 (社区)配备大学生村官。今后 3 至 5 年，每年将从大学生村官中公开选拔 300 名左右的乡科级副职领导干部，实现每个乡镇至少有 1 名党政领导班子成员有大学生村官工作经历，每个县(市、区)至少有 3 至 5 名部门领导班子成员有大学生村官工作经历。大学生村官制度的大力开展，能够在一定程度上帮助乡村地区缓解旅游人才匮乏的现状，提升乡村旅游管理水平。

为了引进人才，山西省政府从当前实践出发，制定了一系列优秀人才引进策略为各行各业提供优秀的人才，如“山西省引进海外高层次人才‘百人计划’”“三晋学者计划”“高端创新型人才培养计划”“新兴产业领军人才计划”“山西省青年拔尖人才支持计划”“科技创新团队培育计划”“引进外国人才项目”等。在省政府人才引进策略的指导下，晋中市出台了《关于实施农村本土人才回归工程》实施意见，用感情留住人、用事业招揽人、用政策吸引人，用“234”工作法推动“农村本土人才”回归，2017 年已引回本土人才 900 多人，在农村脱贫致富奔小康进程中发挥了突出作用。

(二) 人才培养

尽管人才匮乏问题可以通过引进得以缓解，但仅靠外来人才难以实现乡村旅游惠民富民的根本目的。俗话说“授人以鱼不如授人以渔”，从农民中培养新的乡村旅游人才是乡村旅游可持续发展的必然要求。乡村旅游人才的培养可以从以下几方面着手：

1．夯实旅游院校基础，优化乡村旅游人才培养源头

推动大中专旅游院校开设乡村旅游相关课程，并根据市场变化升级教学课程，深挖、拓展酒店、民宿、乡村景区、旅行社等传统业态的维度和深度，搭建、规范乡村旅游投资与规划、乡村旅游观察监测、乡村旅游公共服务、“旅游＋互联网”等新兴业态的课程体系，丰富、完善乡村民俗文化和职业素养方面的基础课程。乡镇政府或旅游业的经营者可以和各大高校合作，专门培养适合乡村旅游业的人才，还可以在当地建立教学实习基地，促使学生在加强理论学习的同时提高实践能力，努力培养适应乡村生活，真正愿意在乡村发展的复合型人才。如浙江省成立了浙江乡村旅游研究院，浙江省湖州市成立了湖州农民学院和湖州国际旅游学院。

2．强化政策资金激励，丰富乡村旅游人才培训方式

充分利用相关政策资金，采取“学校＋农户”“政府＋农户”“研究机构＋农户”“公司＋农户”“旅游协会＋农户”等多种培训模式，对乡村旅游从业人员进行各类培训，鼓励乡村旅游管理人才、经营人才、技能服务人才“走出去”，参加各类乡村旅游相关的培训讲座、游学体验、专业论坛等，学习灵活的管理与经验。定期将乡村旅游领域的专家学者、行业领袖、模范先进等“请进来”，为乡村旅游从业人员开展专业培训，提升其的管理水平与业务技能。实行非遗传承人“名师带徒”工程，建立健全乡村旅游民俗文化传承人才培养机制。

3．借力行业企业平台，提升乡村旅游人才培训水平

加强与乡村旅游相关的专业培训机构、咨询服务机构、行业协会等开展培训合作，采取课堂讲授、案例分析、现场模拟、实习观摩、专题讨论相结合的方式，对乡村旅游景区、农家乐、民宿的管理服务人员进行实用技能培训。培训内容涵盖服务礼仪、职业道德、旅游常识、民俗文化、食品卫生、安全知识、政策解读、餐厅服务、农家菜开发、景区服务规范、导游讲解技巧等。

(三) 人才管理

人才管理解决的是如何充分利用乡村旅游人才、提高乡村旅游从业者的工作能力，促进人才的成长。人才管理的主要策略包括：

(1) 建立乡村旅游人才信息库。积极推进乡村旅游信息化建设，依托网络构建乡村旅游人才交流信息平台，建立乡村旅游人才信息库和人才联络机制，将重点乡村旅游人才培训纳入地方干部培训计划。致力打造一支具有广阔国际视野、通晓国际乡村旅游业惯例、具有较高外语水平和跨文化沟通能力、能够支撑乡村旅游业又好又快发展的高层次旅游人才队伍。

(2) 规范化执行乡村旅游人才持证上岗制度。组织专家研究制订与乡村旅游相关的服务标准，引入乡村旅游方面的执业资格和从业标准，彻底规范和提升乡村旅游产业的人员结构和层次，所有服务人员每年培训一次，并引进技能考核制度，实行培训考评合格后“持证上岗”制度。

(3) 开展旅游人才评优评奖活动。落实国家“万名旅游英才计划”政策，探索建立乡村旅游人才评价办法和初级职称评审制度，将乡村旅游人才开发培养与旅游行业评先创优、等级评定相挂钩，建立健全乡村旅游人才考评机制，定期举办优秀乡村旅游管理与服务人才的评优颁奖活动，及时给予物质奖励与精神荣誉奖励，激励乡村旅游从业人员不断提升管理服务技能。

第七章　乡村旅游模式创新升级

第一节　形成富有创意的休闲聚落

一、农村休闲聚落打造模式解读

(一) 休闲聚落的核心理念

1．聚落的起源

聚落是旧石器时期形成的一种聚居形式，它是人类文明进步的见证，也是人类文明发展的结果。在原始社会，公社制的组织形式使得以氏族和血缘为纽带的人类多数以农耕或者打猎聚集在一起，这是聚落的雏形。在进入奴隶制社会之后，人类的生产力有了很大的进步，因此社会分工更加明确，人类开始在农耕与打猎之外从事其他的劳动，因此聚落逐渐变大形成了人类聚集的城市。在封建社会人类的生产力水平进一步提升，城市数量增多、规模增大，但农村仍然是主要的人口聚集区。随着工业革命的进行，人类进入资本主义社会，在科学技术的推动下，城市大量形成，城市化的加快使得农村地区聚落开始衰落。

2．乡村聚落的形成条件

聚落可以分为两个基本类型，即农村聚落和城市聚落，二者在社会关系与地理位置上具有很强的联系性。但从人类文明对聚落形态的影响来看，自然聚落更能反映聚落与自然的关系：

地形：地形是形成聚落的重要地理条件，一般来说聚落形成多在平原、山间盆地以及少量山区。

水源：水是人类赖以生存的资源，水源对聚落的形成具有重要的影响。降水多的地区形成河流，聚落分布的形体与河流有密切的关系，这一点在农村地区能够得到生动的体现。

气温：气温与人类聚落的形成也有密切的关系，无论是寒冷地区还是高温地区都不适合人类聚落的形成，但在这些地区形成的人类聚落其建筑形态与材质受到气温的影响很大。

3. 乡村休闲聚落的特点

乡村休闲聚落是指以休闲度假功能为主的农村聚落，它具有聚落的一般特征，又因其休闲功能与传统意义上的聚落有所差别，具体来说乡村休闲聚落主要有以下三个特点。

(1) 休闲第一。

广义休闲包括餐饮、娱乐等服务功能，满足消费者在精神层面所追求的“生活方式”，这也是农村休闲聚落的核心特点。休闲聚落的功能由传统的居住或者劳作向休闲“生活方式”转变，对于开展度假或者休闲旅游场所的农村地区，这种特点表现的更加明显。

(2) 环境第一。

休闲是身体与心灵的双重放松与享受，与传统的聚落不同，休闲聚落的环境更加优美，更加清洁。无论是从自然环境角度来看，还是从建筑景观角度来说，休闲聚落都更为适合放松身心。根据国外乡村旅游休闲聚落的建设经验，农村地区休闲聚落用于改善环境的支出不少于总体支出的 20%。

(3) 特色突出。

休闲聚落大多是依托某方面的优势旅游资源形成的，其名片效应突出，能够带动乡村旅游产业的发展。从旅游产业发展的角度来说，打造乡村旅游休闲聚落，能够为本地区乡村旅游资源与文化提供输出窗口，从而起到一定的宣传效应，带动周边地区旅游产业的繁荣。

(二) 村落特征

1. 交通区位良好

适合休闲旅游聚落模式开发的地区，一般交通位置都相对较好，大都位于热门旅游景点的沿线或者周边地区，人们可以较为方便地到达。休闲聚落模式旅游的游客主要分布于城市地区，在城市生活与工作的压力下，旅游的时间形成对于城市居民十分关键。因此在城市周边的郊区农村布局休闲聚落模式的旅游项目能够很好地吸引游客，这不仅是因为时间比较短，还因为交通较为便利，能够保证旅游休闲目的的达成。

2. 休闲资源丰富

村落本身就是可进行开发的优势休闲旅游资源，农村地区空气较为新鲜、绿色遍布，能够很好地保证人们的生活健康。在农村地区休闲旅游资源分为三种：第一种是乡村田园风光，第二种是乡村民俗，第三种是建筑艺术与乡土文化。

3. 用地条件优越

休闲聚落对场地和设备有一定的要求，因为乡村休闲活动形式的丰富性，因此需要的场地较大。在农村地区有一些由于客观原因而不能进行耕种的荒地，这使得农村地区在乡村休闲旅游场地的规划上有了更多的空间。不同于传统乡村旅游的采摘、体验等活动形式，休闲旅游注重对乡村特色的开发，比如农村运动会、乡村游乐场、乡村营地等。在农村地区开展这些活动需要具备一定的场地条件才能开展。

4. 村民意识超前

休闲聚落的模式涉及到了乡村旅游资源开发的创新性，只有充分挖掘农村休闲旅游资源的乐趣，改变农村地区居民传统的文化发展思路，才能从根本上推动乡村旅游活动的创新发展，也才能从根本推动我国乡村旅游活动的崛起，促进农村地区经济的发展。

(三) 模式要点

1. 村集体统一管理模式

村集体统一管理是指在村委会或者村旅游组织机构的带领下，对农村的休闲旅游资源进行统一的筛查，并根据当地的资源条件与硬件设施，开展乡村旅游的一种形式。一般在这种形式中，村民会负责组织与接待乡村旅游的游客，并成立农家乐负责游客的食宿。

2. 策划创意休闲体验活动

无论在其他行业还是在旅游行业，创新永远是开辟市场，促进经济发展的基础性驱动力量。在乡村旅游规划与发展过程中，要有意识地植入当前新潮的理念，通过规划创新来打造特色农业休闲旅游基地，促进农村地区经济结构的转型。

3. 丰富乡村活动，营造持续吸引力

农业劳动与耕作是农村的基本生产活动，对于长期生活在都市的人来说，劳动的过程与乐趣也是他们追求的旅游体验的一部分。因此，在乡村休闲旅游发展的过程当中，可以通过组织春耕节、丰收节等形式，来提高旅游休闲活动的吸引力。

4. “村集体 + 企业”的融资模式

对于一些旅游相对优秀，开发难度较大的地区可采用“村集体 + 企业”的模式，通过引入企业资本与规划管理能力，来提升乡村休闲旅游活动的吸引力，提高旅游经营的收益。

二、模式构建

构建休闲聚落模式，有以下几大打造要点。

(一) 引力升级

引力升级是指提升乡村休闲旅游活动的吸引力，对农村地区的民俗风情、田园景色、山水溪流进行专业的规划与开发，打造具有鲜明农村特色与文化主题的旅游项目。

(二) 趣味升级

趣味升级是指提高乡村旅游项目的趣味性，给旅游者带来身心的愉悦与享受。在乡村旅游发展要素当中，围绕地方特色语言文化、工艺品与农产品、神话传说等趣味性十足的元素，打造具有文化历史气息与乡土特色的乡村休闲旅游项目，打造乡村休闲旅游的新模式。

(三) 节庆升级

在中华民族的传统文化当中，每个传统节日都有相应的风俗与讲究，但随着城市生活理念的变化，传统文化要素正在我们的生活中逐渐消失。在农村地区人们受传统思想影响较为深刻，很多传统的节庆习俗还都保留的比较完整，比如端午节的划龙舟、春节的舞龙舞狮等。此外，农村地区相比较于城市地区还有自身独特的节庆特点，乡村休闲旅游可以以此为基础，打造特色春耕节、丰收节等特色节庆。

(四) 管理升级

管理是企业正常经营与发展的基础性要素，在乡村休闲旅游的规划与发展过程当中，要充分重视管理的重要性，积极吸收先进的管理经验与管理技术，提升乡村休闲农业旅游的管理水平。提高乡村旅游的管理水平能够解决乡村休闲旅游发展过程中产生的各种内部矛盾与外部矛盾，与此同时还可以有效提升乡村旅游企业内部工作人员的积极性，提升乡村旅游管理的效率与经营效益。

第二节　建设别具特色的主题庄园

一、农村主题庄园模式解读

(一) 核心理念

一个乡村就是一座主题庄园。

依托现代农业和涉农企业品牌打造的高品质田园综合体，复合农业产业与乡村旅游两大基本功能，既是企业品牌展示与技术研发基地，也是高品质的田园休闲度假区。

(二) 村落特征

1．农业基础较好

主题庄园模式要求村落的农业产业基础较好，已经形成了具有一定规模的特色农业品牌或拥有独特的农业气候条件和文化资源。

2．土地流转较易

主题庄园模式要求以大量的土地资源为基础，村落需要有建设大型农业庄园的场地条件，土地流转门槛低，便于置换出农业庄园用地。

3．交通可达性强

主题庄园模式涉及产业生产、产品运输、游客接待等多种功能，需要以便捷的交通为支撑，因此，要求村落的交通可达性强，能够吸引大型涉农企业或其他休闲农业投资主体进驻。

(三) 模式要点

1. **大型企业资本撬动**

主题庄园模式以现代农业产业为基础，通过大型企业资本导入，发展庄园经济，形成“产业+旅游”双驱动。

2. **现代农业品牌支撑**

主题庄园模式以庄园品牌塑造、庄园综合功能扩展、庄园产业延展和产业链条构建为主，主要展现村落的现代农业品牌，是规模化、专业化的乡村旅游形式，不同于传统的民俗接待户形式。

3. **庄园生活方式构建**

主题庄园模式，以庄园的农业产业为基础，主要为游客营造一种庄园生活方式，以庄园作为游客集中到访区，提供观光、休闲、度假等多种产品，形成独特的庄园生活体验。

4. **村民服务功能强化**

主题庄园模式对村民的安置相对集中，村民主要为庄园提供服务，可受雇于庄园或园区，在园区内提供服务；也可借助庄园品牌，在外围提供配套服务，发展互补型产业。

二、模式构建

(一) 用地流转，促进企业资本撬动

多方式流转用地，形成规模土地。大规模的土地是主题庄园模式的基础，属于此种发展模式的村落需要集中村落土地资源，可依托移民搬迁遗留下来的耕地等资源，以多元化方式筹集社会资本，以租赁、购买土地使用权等形式集中流转

一定规模的土地，为后期的发展提供坚实的保障。

多手段引进企业，掏建整体开发。村集体通过多种政策优惠，吸引企业进行主题庄园开发，如实行土地承包优惠政策、一年免税优惠、基础设施建设等，确保庄园的整体开发。

(二) 产业延伸，坚实庄园产业基础

主题庄园模式最大的特点就是旅游项目设计的特色突出，这种模式对乡村农业生产的发展水平有一定的要求。在打造农业庄园的过程中，无论是传统农业还是新型生态农业都要囊括，无论是种植业还是养殖业都要涉及，这对农村地区农业发展的全面性有较强的要求，但这也是奠定主题生态农庄特色吸引力的基础。

(三)综合提升，构建庄园品牌形象

主题农业庄园必须突出旅游产品的特色，将庄园的休闲性、娱乐性、疗养性功能统一到一起，打造综合性的农业旅游项目，提高乡村旅游项目品牌的内涵与价值。

品牌依托。发展现代庄园一定要以品牌发展为基础性发展战略，它比单纯的强调山水特色或田园之乐具有更加长远的发展空间，因为发展成熟的农业庄园不仅仅具有旅游功能，休闲与娱乐功能也会被发挥出来，因此要更加注重品牌形象的塑造。

体验提升。主题庄园的体验是反映品睥形象的重要因素，重视游客参与，设计体验活动，将游客融入情境，感动其视、听、嗅、味、触觉，使其产生美好的感觉，是主题庄园在竞争中取胜的关键。

文化植入。主题庄园模式在产业的基础上，要注重乡村文化的植入，这是展现乡村主题庄园的个性因素，也是庄园的独特标识。

专业管理。主题庄园应建立专业团队管理旅游工作，融入乡村特色服务，形

成自己的农业庄园旅游客户社群，在管理上展现庄园品牌。

(四) 四高四低，营建庄园高品质生活

我国历史上的庄园形态以封建时代的皇室、贵族、大地主、寺院等占有和经营的庄园最为典型，庄园从产生之初就是贵族地位与财富的象征，是高品质生活方式的代表，是生活品位的象征。

四高，是指高素质、高水准、高自主、高文化。即指庄园服务人员的高素质，园区硬件设施、装备、配置等的高端水准，可供消费者自主选择消遣方式的高自主，庄园多重文化交融的高文化。

四低，是指低密度、低强度、低刺激、低插手。即指注重个人隐私的低密度空间、追求自我放松的低强度活动、重视内心平静的低刺激环境、体味简约纯朴的低插手服务。

三、模式类型

(一) 高端度假主题庄园

依托田园美景及有机食材，开发以度假为主的主题庄园，在乡村农业的基底下，引进现代度假设施，采取现代度假理念，提供乡村质朴环境的高端度假主题庄园。

(二) 休闲牧场主题庄园

农业主题庄园的打造必须依靠乡村的自然环境、文化风俗、农业特色等不同的发展方向为依托，将其打造成一主题多特色的现代化、综合型旅游休闲娱乐庄园，促进农村地区的繁荣与发展。典型代表——台湾休闲牧场(飞牛牧场、初鹿牧场、天马牧场等)。

(三) 农业公园

农业公园是乡村旅游发展的高级形态，它是乡村旅游活动发展到一定阶段的产物。在农业公园的打造中，原住地居民的文化风俗、农业生产特色以及自然景色，被整合到同一个项目当中，在农业公园不仅能够体验到淳朴的乡村生活气息，还可以体验到休闲、放松的精神状态。农业公园能够为都市居民的休闲放松、度假休憩、学习参观、体验自然等不同旅游目的提供旅游场所。

(四) 特色产业庄园

特色产业庄园是以烟草、茶叶、咖啡、花卉、香草、药材等特色产业构建的庄园形式，庄园具备完善的产业链条，通过在产业的各个环节融入旅游功能，实现庄园的旅游开发，嫁接各类文化旅游和休闲度假。

以云南庄园为例，从景观和建筑设计上，柏联普洱茶庄园讲求对当地传统建筑的延续与再创新，其中的制茶坊由著名建筑设计大师邢同和执笔设计，全钢架结构、全玻璃外墙和隔断的精制厂房，把具有云南傣族、布朗族民居特色的木材、茅草、小挂瓦、回廊、尖顶等元素自然地融入其中，与周围茶园浑然一体，既方便游客观光，又可以保证生产环境的整洁，缔造了一座集后现代建筑美感和傣族、布朗族民族特色为一体的“茶园里长出来的制茶坊”。

从旅游体验上，庄园设计了普洱茶从采茶、洗茶、揉茶、晒青、压饼、包装、储藏的全过程体验环节，同时配套有度假酒店和度假会所，打造高品质的茶园旅游度假综合体，构建和引领以普洱茶文化为核心的生活方式。

从发展理念上，坚持生态保护优先、乡村社区共兴理念，庄园内的茶山寨即是原生态的布朗族村寨，居住其中的布朗族人变身为庄园内的一份子并参与庄园的发展。来到这里的游客，可以随当地的布朗族人一同祭祀茶祖帕哎冷，听布朗族老人讲述茶祖的故事；去寨中的寺庙中祈福保佑；品尝布朗族女主人亲手烹制的以茶鲜叶作为原料的美食；和布朗族姑娘上山采茶、晒青、揉捻、压制；跟随布朗族人学习如何制作一饼好茶。以此当地的茶文化得以传承和发展，而乡村社区也获得了良好的发展机会。

第三节 打造高端大气的度假之乡

一、模式解读

（一）核心理念

打造乡村旅游度假之乡就是要树立一个乡村就是一个综合性度假基地的理念。对农村地区闲置的农宅与土地资源进行统一规划，通过专业化的运作达到打造特色品牌度假项目的目的。

（二）村落特征

1．村落生态优良

度假村与传统的乡村旅游项目有所差别，度假村的建设在区位因素上的要求与传统乡村旅游也有较大的差别，比如度假村对农村生态环境以及农村意向要求较高，但对交通条件便利与否关系不大，而传统乡村旅游项目的规划与交通条件关系密切。度假村作为农村休闲旅游的终极模式，主要是依靠农村地区优美环境与乡土气息作为经营的重点。

2．房屋空置率高

随着城市化进程的不断加快，农村人口向城市转移，很多村落出现了大量的空置房屋，这些房屋为农村地区开展度假游提供了极大的优势。将这些闲置房屋收租后，由旅游开发部门进行统一的规划与管理，对房屋进行硬件升级，打造舒适、简洁的农村特色度假居住场所。在很多开展乡村度假游的地区，核心区域往往是由之前的“空心村”或新村搬迁之后的废弃旧村规划改造而成的，农村度假休闲旅游的开发使这些闲置的房屋与逐渐衰落的乡村重新焕发了生机。

3. 建筑风貌良好

度假村的乡居模式最为突出的特点就是居住环境的乡土气息与原生态性，因此大部分居住场所由传统院落升级改造而成。在农村地区由于周边生态环境的差别，房屋与庭院的建设无论是在材质还是在建筑风格上都会有所差异，比如山区的石头房，黄土高原的窑洞，平原地区的四合院，森林地区的竹屋、木屋等。这些形制各异、特色突出的农村乡居资源是农村地区开展度假游的重要依仗，也是农村度假村的经营特色所在。

(三) 模式要点

1. 闲置农宅整体打造

将农村地区因人口迁出、外出务工等原因闲置的宅院进行收租，集中起来统一由旅游规划与管理机构对其进行整体的改造升级，突出农村地区居住特色，将落后的乡村改造成高端、大气的度假旅游基地，带动农村地区经济的发展。

2. 高端度假品牌塑造

对度假基地乡村房屋与庭院的改造必须要符合当地的建筑文化传统，通过合理的布局与建筑形式突出农村生活特色，对于农村住宅的改造，要坚持留其形、保其韵、换其“心”的原则。这里的“心”是指不影响整体建筑形式下对住宅内部基础生活设施与美学享受的建设与追求。

3. 村民参与方式营造

度假乡居要将其置于农村日常生活之中，当地的居民要紧密的参与进来，这里所说的参与进来主要包括两层含义：

第一，农村地区居民以不同方式入股度假村，保证农民能在为乡村旅游发展做出贡献的同时享受其成果。

第二，农村居民要保持淳朴的传统民风，让度假者有一种置身于真实农村生活的感受。

二、模式推动力

(一) 城市返归乡村的旅游市场需求

车水马龙的喧嚣使得现代城市拥挤、吵闹，长期居住于城市的居民对回归乡野、拥抱自然、返璞寻真有一种发自内心的渴望与追求，因此虽然深山度假路途遥远、交通不便，但仍有很多人乐此不疲地寻找心灵上的安静，正是这种需求使得农村度假旅游开始逐渐兴起。

(二) 粗放式大众旅游向精致化小众旅游转变

小众旅游与大众旅游相对，它是指旅游项目、旅游目的区别于大多数人的一种流行于少数人之间的旅游活动，从某种意义上来说小众旅游可以看作一种精英旅游项目。随着人们文化知识水平的逐渐提高和都市生活烦恼的侵扰，越来越多的人对乡村度假投来了关注目光，但这并不影响乡村度假旅游的精致性。

三、模式构建

(一) 唤醒沉睡资源——闲置资产流转

度假休闲村的打造需要大量的资金，才能完成对住宅的改造以及农村基础设施建设的升级。农村闲置住宅资源的流转事实上是对我国城乡要素互动的一种客观推动，不仅在农村地区开展城市住宅资源的流转交易，还促进了城市化的步伐。

1．资产流转的本质

闲置资产流转从本质上来说最主要的特点是资产的所有权不发生变化，其价值的实现是通过出租获得的。在乡村旅游发展的过程当中，农民通过对农村度假村进行投资，获取收益，这是农村地区获取旅游发展资金的重要途径，对于乡村旅游的发展具有重要的意义。

2．资产流转的关键

资产的流转是否能够顺利的主要因素是承租者利用资本或者土地经营的效益。在乡村旅游活动发展过程当中，想让农民全身心地投入到乡村旅游的规划与开发过程当中，必须要尊重农民的利益，利用旅游提高乡村地区的生活水平。

3．资产流转的形式

资产流转可以采取多种流转形式，出租、入股、转包、出让等为资产流转的主要形式。

(1) 出租。

出租是一种重要的资产流转方式，具体来说是指出租人与承租人之间通过合约将某一时间内资产的使用权限进行转移的一种行为。一般来说，在乡村旅游活动的发展过程中，农民愿意将一部分资产在一定时期内出租给承租者使用，承租者要按照双方的约定向农民支付固定的收益。资产出租的期限是双方在协商一致的基础之上确定的，但合同的期限不超过农民对资产的使用权限。

(2) 入股。

入股也是在农村地区发展旅游业进行资金流通的重要手段。一般来说入股是通过股份制合作实现的，在双方的合作中，农民以入股资产的使用权作为划分股份与收益的标准。入股作为农村地区旅游活动发展的一种重要实现手段，这种“利益共享”的精神实际上无论是对于资产的使用者还是出租者来说都具有积极的作用。

(3) 转包。

转包是将土地或者资产的使用权包给第一方，一般来说转包的期限不应该超过农户对资产的使用权限的期限。在转包的过程中转包方必须保证自己与原承包者之间关系的稳定性，否则会对最终承包者的利益造成一定的损害。

(4) 出让。

这种方式是指农民在获得一定的资金补助之后，放弃其对土地剩余承包期限的一种永久性资产转移方式。在这种情况中，农民会获得一定的资金补偿，但是失去了对土地使用权的承包资格，其承包的权利与使用的权利交给了承包资产的经营者。

(二) 规范开发方式——整合开发，乡土时尚结合

1. 开发主体

(1) 村集体统一整合开发。

在农村集体开发旅游项目时，资金的主要来源是乡间筹集，在获得资金之后将闲置的农村住宅与土地资源进行统一的规划与开发。在开发的过程中要保证其外部造型的乡土气息与农村特色，内部则要进行现代装修，保证游客能够享受到舒适、便捷的服务。

(2) 村集体与专业旅游公司共同开发。

村集体通过筹集资金对乡村旅游资源进行开发的过程中，可以吸收外来的投资，通过与旅游企业合作的形式来保证乡村旅游开发的专业性，保证乡村旅游规划能够取得良好的成果。在这种合作方式当中对旅游企业的要求是，有一定的资金基础，对旅游活动的开发与管理具有一定的经验，且能够长期坚持对当地乡村旅游进行开发。村集体在合作的过程中，需要组织好村民保证其对资产出租的同意意愿，并与旅游公司达成良好的合作协议，保证村民的利益与旅游规划和开发的正常进行。

2. 开发要点

(1) 乡味保留与展现，最大程度展现乡村风貌。

第一，建筑材质乡土化。

乡村度假基地的建筑风格要体现当地的传统农业文化特色，保持古香古色的年代质感，主张“天人合一”与周围的环境融洽协调。此外，在对乡村的房屋与庭院进行改造的过程中要充分利用当地的优势资源，无论是木材、石材还是其他材料都要融入到建筑物的规划设计当中。

第二，旅游体验乡土化。

旅游体验作为一种主观认识层面的意识活动，是人们对旅游活动以及旅游产品最直观与最深入的情感反馈。在乡村地区规划旅游项目与旅游产品的过程当中，对农村地区的各种特色资源可进行创造性的开发，比如农村地区的果园可以开发成采摘园，农村特色的民居可以改造成为特色的农村生活体验单位等等。

第三，度假氛围乡土化。

度假乡居，最本质的要素就是突出乡村特色与乡村氛围，这个问题可以从两个角度来理解：第一，要抓住农村的景观特征，通过水井、篱笆、石磨等具有浓烈乡村特色的意向来营造浓郁的乡村风格；第二，最大限度地保证原有居民的传统生活状态，保留农村地区的生活气息，从而保证在“软件”上实现农村风格的保留。

(2) 高端品质度假，最大程度提供舒适奢华体验。

满足度假功能，是度假乡居模式的重要特征，也是乡村旅游升级的重要表现。在追求乡土、质朴的同时，兼顾度假的品质与舒适。外旧内新、外朴质内奢华的反差组合，更能营造出独特的度假体验。

(三) 专业管理方式——资产运营管理

1. 运营主体

(1) 专业运营管理公司。

在对乡村资产进行管理的过程当中，要有计划地对其进行统计的规划与开发，一般来说都是通过专业的运营公司来对其进行开发与管理，比如度假酒店等旅游行业企业。很多著名的度假村都是与酒店企业进行专业的运行与管理，这是一种相对成熟的运作模式。

(2) 村集体统一运营管理。

村集体通过合作社的方式对度假村进行经营与管理，这种管理是集体管理的一种方式，能够充分保障集体对度假旅游项目的管理权力与管理效果，对旅游地区农民的权益也有较好的保护，并且可以防止个体经营者通过不正当的恶性竞争来抢夺市场。

2．运营要点

(1) 全力塑造度假品牌。

在乡村旅游度假基地运营与管理的过程当中，要以现代化的运营与管理理念来引导管理工作的进行，比如要树立品牌意识，注重产品的市场形象与口碑，通过内部改革与外部监督共同促进品牌形象的形成，为度假基地的长期经营打下基础。

(2) 充分调动农民积极性。

调动农民的积极性主要应该从两个方面入手：

第一，要让农民参与到度假基地的规划与建设当中，在度假村建成之后雇佣当地村民在度假村工作，对他们进行工作技能与服务技能培训，保证他们的利益。

第二，要让农民从度假村的建设与发展中获得切实的利益。我们知道乡村度假基地可以让村民参股，每年可从中获得一定的分红，并且随着度假旅游活动的兴起，农民还可以从中获得其他的利益。

(四) 三方效益共赢——乡村效益升级

1．投资开发商——经济效益与品牌效益

乡村度假旅游基地的建设与开发的作用可以从两个方面来理解：

第一，直接作用。旅游度假村的开发能够带动当地旅游产业的发展，使得当

地农民的生活水平得到提升。

第二，间接作用。旅游度假村的发展会提高农村地区的知名度，在形成品牌效应之后，会带动当地其他服务行业的发展，这对于改善我国农村经济结构具有重要的意义和作用。

2．农民——最直接的受益者

乡村度假基地在建设当中最直接的受益者是农民，因为度假基地的建设会为农民带来三种直接的经济收入。

(1) 租金收入。

在乡村度假基地的建设过程当中，农民闲置的房屋、庭院、土地等资源将会被度假村承包，农民可以直接从出租中获得经济收入。此外，在度假村建设的过程中农民的特色种植活动可能会受到度假村的关注，一般会给农民一定补贴让农民进行特色工业种植，保证农村度假基地乡土气息的浓郁与农村特色的突出。

(2) 分红收入。

在乡村度假基地的建设过程当中，村民可以通过住宅、土地等方式入股度假基地，成为度假村的股东，在度假村投入经营之后可以定期从中获得分红，这是保证农村地区居民生活水平提升的重要经济收益。

(3) 工资收入。

在乡村度假基地投入运营之后，度假村的运营与服务需要大量的工作人员，除中高层管理人员外，当地的村民可在度假村参与工作，从而获得稳定的工资收入，为我国农村地区经济的发展做出贡献。

3．乡村政府——推动乡村升级发展

乡村度假基地在规划建设的过程当中，会改善当地的基础设施建设，比如当地的交通条件、村容村貌、通讯设施、垃圾处理制度等会相继建设与完善，这对于改善我国农村地区的生活状态，促进我国农村地区的可持续发展，建设美丽乡村具有重要的意义。

四、模式借鉴——南安阳村落保护推动度假游发展

（一）概况

南安阳村位于阳城县城东 6 公里处。面临镬泽河，背依析城山，与阳济公路隔河相接，山清水秀，风景怡人，南接中原，北达太原，地理位置十分优越。全村 460 户，1503 口人，共有 8 个村民小组，耕种土地面积约 1200 亩。2011 年生产总值为 6965 万元，总收入约 5100 万元，农民人均纯收入达 6230 元。南安阳村历史悠久，文化底蕴深厚，坐落在村东的潘家十三院是有名的古民居建筑，其占地总面积 6000 余平方米，共有房屋 390 间。十三院和村内书房院、新院、花院等古建筑细部及周边环境原貌基本上保存完好，建筑特色是我国北方清代稀见的九间头四合院，具有古建筑研究和旅游开发价值。改革开放后，潘家大院被阳城县人民政府列为“县级文物保护单位”。由于南安阳村保存了较为完整统一的历史风貌，且研究开发价值较高，该村于 2006 年 11 月 23 日被山西省政府公布为第二批历史文化名村。

（二）南安阳开发保护面临的问题

从今天来看，南安阳村传统建筑保持较为完整，自其建村以来建筑的规制与形式没有发生重大的变化，基本保持了古代传统的民居特色，并且南安阳村四周环境优美，具有相当高的旅游开发价值。在对南安阳进行旅游开发之前，村落建筑由于年代久远已经出现了各种各样的问题，传统的建筑亟待保护，但资金的缺乏使得当地的古建筑保护工作一直未能开展起来。潘家大院是南安阳村具有地方代表性的古代建筑，大院已经被当地村民改建成幼儿园使用，但其他的建筑部分都保留相对完整，虽然木雕因为年代问题开始出现腐朽的问题，但总体上不影响开发与使用。对其进行保护与开发，促进当地乡村旅游的发展已经成为当地面临的重要问题。

南安阳村丰富的古建筑资源以及极高的开发价值与开发前景，得到了当地政府与山西省旅游开发部门的重视。2006 年山西省将其定为山西历史文化名村，并开始对其进行旅游开发，促进了当地古建筑资源的利用与保护。在南安阳村设置了建筑保护与修复计划公示窗口，让村民能够了解到各项保护措施以及发展的规划；对需要修复与保护的建筑进行隔离，并通过张贴、设置警示物的方式来避免村民日常生活对古建筑的破坏；加大资金投入，每年用于古建筑修复的资金不能少于村支出的 20%。

虽然南安阳地区的古建筑保护与开发得到了各级政府的重视，但是由于该地区旅游产业发展相对滞后，知名度相对较低，因此景区对经济的发展与带动作用并不明显。此外由于基础设施建设落后，旅游管理制度不健全，当地的乡村旅游并没有如火如荼地发展起来。因此，在这里我们应该转变南安阳发展的思路，古镇旅游竞争力不突出，可以培育当地的乡村度假村相补充，由于南安阳村周围自然环境相对较好，因此要充分发挥自己的优势，在延续传统古文化村落的优秀旅游资源的同时，积极发展乡村度假旅游，打造古香古色的古典度假休闲基地。

(三) 南安阳度假游开发举措

1. 转变观念，保护与开发并举

首先，要保证南阳村保护与开发的整体性。整体开发是对古建筑资源进行保护的重要手段，因为建筑环境群落以及古镇的空间布局与道路空间都对古镇整体风貌的呈现具有重要的影响。南安阳村在进行开发保护的过程中要充分保证其文化的传承性，增加建筑的方式不可取，要在原有建筑和布局的基础上对现存的建筑进行保护，并对部分建筑内部进行翻修与现代化的改造，这样可以形成特色民居与古建筑文化旅游相结合的农村古镇度假居住旅游模式。

其次，保证旅游规划与建设的质量。品质是打造品牌的前提与基础，如果没有过硬的品质则得不到旅游者的认可，那么打造南安阳旅游名片将无从谈起。在充分尊重当地历史文化传统的基础上，依据我国传统文化的特点与现代技术，对南安阳的建筑资源进行开发与保护，提高当地旅游行业发展的质量与水平。

2．多方投入，恢复村落整体风貌

在南安阳村旅游项目规划与开发的过程中，要保证旅游资源的吸引力必须保证传统建筑的空间布局，保证传统建筑形式的完整性，然后根据现代旅游的需求对各种服务设施进行完缮与管理，具体来说保护与开发的措施主要包括以下几项：

(1) 加大投入，成立专门的古建筑文化保护小组，负责南安阳村古建筑的日常维护与保护计划的制定。

(2) 加大文化保护以及可持续开发利用的宣传，改变人们传统的发展理念与发展思路，让人们认识到保护的重要意义。

(3) 抽调人力，引入社会资金与力量对传统的建筑文化进行保护，尤其是在人力上，拓宽志愿者的志愿服务项目，保证足够的人力来保护古代建筑文化资源。

(4) 对于已经造成破坏的文物要保持其现状，对于损坏的部位与零件，要进行回收，如果条件允许要对其进行修复。

(5) 对于已经被破坏并且没有得到完整保留的文物，要尽快对图纸进行复原，然后着手对建筑进行修复。

(6) 各家各户对现存的古建筑资源进行备案登记，加大保护的力度，严禁私自贩卖各种古建筑以及文物资源。

3．突出特色，提升旅游文化内涵

历史文化名村具有悠久的历史，并且保存了完整的物质资料遗存，尤其是建筑历史文化资源有着极为重要的历史价值与文化价值。山西晋商文化在中国历史上留下浓墨重彩的一笔，历史文化名村保留了当时晋商文化的特色，是山西优秀历史文化遗存的代表。因此，要解决南安阳村历史文化遗存的保留就要对其中的历史文化价值进行深层次的挖掘，结合民俗的保护、文化的传承进行旅游开发。

参 考 文 献

[1]骆高远．休闲农业与乡村旅游[M]．杭州：浙江大学出版社，2016．

[2]干永福，刘峰．乡村旅游概论[M]．北京：中国旅游出版社，2017．

[3]胡海建，南延长，郑赟．休闲农业与乡村旅游[M]．北京：中国农业科学出版社，2015．

[4]周霄．乡村旅游发展规划研究新论：绿水青山就是金山银山 [M]．武汉：华中科技大学出版社，2016．

[5]于守文．新型农民阳光培训[M]．北京：科学普及出版社，2013．

[6]周培，周颖．乡村旅游企业服务质量理论与实践[M]．重庆：西南交通大学出版社，2016．

[7]黄伟．乡村旅游发展动力与开发管理研究 -- 以湖南武陵山片区为例 [M]．长沙：中南大学出版社，2017．

[8]熊金银．乡村旅游开发与管理研究[M]．成都：四川大学出版社，1997．

[9]李玉新．农村生态文明建设与乡村旅游发展的协同研究 [M]．北京：中国旅游出版社，2016．

[10]宁泽群．农业产业发展与乡村旅游发展[M]．北京：旅游教育出版社，2016．

[11]丁鸿．乡村旅游服务员[M]．北京：中国农业出版社，2016．

[12]胡巍，楼凌雁．乡村旅游开发中的旅游资源评价初评研究[J]．技术经济与管理研究，2002．

[13]陈南江．旅游项目可行性研究[J]．中国投资与建设，1997, 11：47-49．

[14]郑光磊．风景旅游区环境质量评价[R]．中国环境科学学会，1982：187-201．

[15]梁修存，丁登山．国外旅游资源评价研究进展[J]．自然资源学报，2002．17 (2)：253-260．

[16]崔功豪，魏清泉，陈宗兴．区域分析与规划[M]．北京：高等教育出版社，1999．

[17]李慧欣．发展乡村旅游的经济学思考[J]．华中农业大学学报：社会科学

版，2003.
[18]马勇，李玺．旅游规划与开发[M]．北京：高等教育出版社，2002.
[19]马勇，舒伯阳．区域旅游规划——理论•方法•案例[M]．天津：南开大学出版社，1999.
[20]马勇，王春雷．旅游市场营销管理[M]．广州：广东旅游出版社，2003.
[21]潘文焰．旅游文化与传播[M]．北京：北京大学出版社，2011.
[22]吕迅．乡村旅游服务与管理[M]．北京：中国农业科学技术出版社，2011.
[23]彭华．旅游规划研究必须注意的几个问题[J]．旅游学刊，2001．16(2)：11-13.
[24]中华人民共和国国家旅游局．中国旅游业发展“十五”计划和 2015 年、2020 年远景目标纲要[M]．北京：中国旅游出版社，2001.
[25]蒙春，周鸿，徐坚．乡村旅游生态环境保护的系统观分析[J]．云南师范大学学报，2005.
[26]杜江，向萍．关于乡村旅游可持续发展的思考[J]．旅游学刊，1999(1)：15-18.
[27]胡志毅，张兆干．社区参与和旅游业可持续发展[J]．人文地理，2002，17(2)：38-41.
[28]刘军萍．观光农业：让农业走向旅游产业[J]．国土经济，2001 年 01 期
[29]刘黎明．乡村景观规划的发展历史及其在我国的发展前景[J]．农村生态环境，2001，17(1)：52-55
[30]刘娜，胡华．成都郫县友爱农家乐现状剖析与发展思路[J]．国土经济，2001，第 1 期：43-44
[31]刘沛林．生态博物馆理念及其在少数民族社区景观保护中的作用[J]．长江流域资源与环境，2005，2：254-257.
[32]刘沛林．古村落：和谐的人居空间[M]．上海：三联书店，1997.
[33]石玲．法国农会及其推行的旅游观光农场情况介绍[J]．旅游调研，2003(12).
[34]邹统钎．旅游度假区发展规划[M]．北京：旅游教育出版社，1996.
[35]邹统钎．旅游开发与规划[M]．广州：广东旅游出版社，1999.